実践
通常学級ユニバーサルデザイン

授業づくりのポイントと保護者との連携

佐藤愼二 著

東洋館出版社

はじめに

☆学校教育法第81条と通常学級ユニバーサルデザイン

　学校教育法第81条には、「幼稚園、小学校、中学校、高等学校及び中等教育学校においては、次項各号のいずれかに該当する幼児、児童及び生徒その他**教育上特別の支援を必要とする幼児、児童及び生徒**に対し、文部科学大臣の定めるところにより、障害による**学習上又は生活上の困難を克服するための教育**を行うものとする」（傍点太字筆者）とあります。通常学級に在籍する教育上特別の支援を必要とする子どもの「学習上又は生活上の困難を克服する教育」の実現は法的な求めなのです。

　通常学級ユニバーサルデザインは、学校教育法第81条にある「学習上又は生活上の困難を克服する教育」というベクトルがより鮮明な学級経営論・授業づくり論と言えます。それを踏まえ、筆者は次のように定義しました。

＜通常学級ユニバーサルデザイン＞
○発達障害等を含む配慮を要する子どもには「ないと困る支援」であり
○どの子どもにも「あると便利で・役に立つ支援」を増やす
○その結果として、全ての子どものたちの過ごしやすさと学びやすさが向上する。

☆子どもの願い・期待と通常学級ユニバーサルデザイン

　上記のように、通常学級ユニバーサルデザインは学校教育法第81条が求める教育への具体的な対応の一つです。ですから、「学習上又は生活上の困難を克服する教育」の中心ではあっても、それだけで全ての「困難を克服」できないこともあります。そのため、校内外の連携支援体制の構築は「困難を克服する教育」の基盤になります。

　しかし、ここであえて、通常学級ユニバーサルデザインを"中心"と記したことには、大きな意味があります。なぜならば、日々の学級生活と学びの

充実は子どもの最も本来的な学校への願いや期待に他ならないからです。通常学級ユニバーサルデザインは学級経営と授業の改善を通して子どもの願いや期待に直接的に応えるのです。

☆確かな学力の向上や豊かな心の育成への寄与

「……学校全体で特別支援教育を推進することにより……（中略）……当該学校における幼児児童生徒の**確かな学力の向上や豊かな心の育成**にも資するものと言える。こうしたことから、特別支援教育の理念と基本的考え方が普及・定着することは、現在の学校教育が抱えている様々な課題の解決や改革に大いに資すると考えられることなどから、積極的な意義を有するものである」（太字傍点筆者）。これは、中央教育審議会（2005）による"特別支援教育を推進するための制度の在り方について（答申）"が提起した理念です。

特別支援教育は、「障害の有無にかかわらず、当該学校における幼児児童生徒の確かな学力の向上や豊かな心の育成にも資する」のであり、さらに「学校教育が抱えている様々な課題の解決や改革に大いに資する」「積極的な意義を有する」のです。

各地の研究指定校の成果報告にも示されていますが、通常学級ユニバーサルデザインは"確かな学力の向上や豊かな心の育成にも資する"ことが示されています。

本答申から10年が経過します。通常学級ユニバーサルデザインによって、通常学級の特別支援教育は改めて原点に立ち返ったとも言えるのです。

佐藤愼二

目次

授業ユニバーサルデザイン編

Ⅰ "共生社会"の形成とユニバーサルデザイン … 11

1. "合理的配慮""基礎的環境整備"と通常学級ユニバーサルデザイン … 12
2. "学力の向上や豊かな心の育成"とユニバーサルデザイン … 13

Ⅱ 授業で何を学ぶのか？ … 15

1. 授業そのものに内在する「ないと困る支援」の観点 … 16
2. 授業が果たす機能の再検討 … 17
   - （1）授業目標に即した機能 … 17
   - （2）学ぶ喜びを学ぶ ── 教えなくても学ぶ子どもたち ── … 17
   - （3）授業目標そのものに共生社会・特別支援教育の観点が内在している … 18
   - （4）自尊感情・自己有能感を高める … 18
   - （5）対人関係・コミュニケーション力を育む … 18
   - （6）学習方法そのものを学ぶ！ … 20
   - （7）友達のよさ・考え方・やり方に気づく … 20
3. "特別"ではない支援教育
   ── 通常学級の各教科・領域に内在する特別支援教育の視点 ── … 21
   - （1）発達障害等の配慮を要する子どもの困難さと各教科・領域の目標 … 21
   - （2）発達障害の困難さ・特別支援教育と関連する目標 … 22
   - （3）小学校の低学年期と特別支援教育の観点 … 24

Ⅲ いい授業に求められる要件 … 27

1. 焦点化と共有化について … 28
2. 楽しく・やりがいがある！ ── 授業に必須の要件 ── … 28
3. 焦点化という要件 … 29
   - （1）焦点化とは何か？ … 29
   - （2）図地弁別という機能からの検討 … 31
   - （3）聴覚的焦点化 … 31
   - （4）視覚的焦点化 ── スポットライト機能 ── … 33
4. 共有化という要件 … 34
   - （1）共有化とは何か？ … 34
   - （2）いくつかの象徴的な事例から … 35
   - （3）一方的行為で起こりうる共有化 … 35
   - （4）共有化の二側面 … 36

（5）情動的・感情的共有化について ……………………………………… 36
　　（6）意味的・概念的共有化について ……………………………………… 37

Ⅳ ユニバーサルデザイン展開の前提 ──「ないと困る支援」に気づく── 39

❶ これまでの"いい授業"とユニバーサルデザインの違い ……………… 40
　　（1）普遍的な理念・方法論 ………………………………………………… 40
　　（2）「ないと困る支援」を踏まえるデザイン …………………………… 40

❷ 「ないと困る支援」の把握 …………………………………………………… 41
　　（1）引き継ぎ情報の確認 …………………………………………………… 42
　　（2）客観的なデータの確認 ………………………………………………… 43
　　（3）子どもの主観的な思いの把握 ………………………………………… 43
　　（4）子どもの主観的評価と客観的な評価の違い ……………………… 45
　　（5）「ないと困る支援」の中から「あると便利で・役に立つ支援」をデザインする！ … 46

Ⅴ 授業ユニバーサルデザインの実践的展開（1） ……………………… 49

❶ 子どもの活動を高める ……………………………………………………… 50
　　（1）強調されすぎた"視覚化" ……………………………………………… 50
　　（2）子どもの活動という観点 ……………………………………………… 51

❷ 子どもが"聞く"活動を高める！ ………………………………………… 51
　　（1）あるエピソードから ──聞いているようで・聞いていない！── … 51
　　（2）聞き続けることが苦手な子どもたち ………………………………… 52
　　（3）"聞く活動"の難しさ …………………………………………………… 53
　　（4）地を整え・図を鮮明に！ ……………………………………………… 53
　　（5）「ないと困る支援」で「あると便利で・役に立つ支援」の例 ……… 54

❸ 子どもが"見る活動"を高める …………………………………………… 55
　　（1）見ているようで・見ていない！ ……………………………………… 55
　　（2）"見る活動"の利点 ……………………………………………………… 56
　　（3）地を整え・図を鮮明に！ ……………………………………………… 56
　　（4）「ないと困る支援」で「あると便利で・役に立つ支援」の例 ……… 57

❹ 子どもが"動く活動"を大切にする ……………………………………… 58
　　（1）講演会での睡魔 ………………………………………………………… 58
　　（2）多動性の強い子どもと授業中のルールのある動き ……………… 59
　　（3）「ないと困る支援」で「あると便利で・役に立つ支援」の例 ……… 59
　　（4）動きで本質的な理解を深める ………………………………………… 60
　　（5）動きと学力向上 ………………………………………………………… 60

❺ 子どもの"多感覚器官での活動"を大切にする ……………………… 61
　　（1）顔を見ながら話を聞く ………………………………………………… 61
　　（2）学習の登山モデルと多感覚ルートの同時提示法 ………………… 62

（3）多感覚ルートの同時提示法の利点 ……………………………………… 62
　　（4）「ないと困る支援」で「あると便利で・役に立つ支援」の例 ………… 63

VI 授業ユニバーサルデザインの実践的展開（2）——授業の流れに即して—— 65

❶ 授業の導入の前に —— ミニマムスタンダードという発想 —— ……………66
　　（1）ミニマムスタンダードとは？ …………………………………………… 66
　　（2）「ないと困る支援」で「あると便利で・役に立つ支援」の例 ………… 66
❷ 導入を工夫する ……………………………………………………………………67
　　（1）目的 ………………………………………………………………………… 67
　　（2）「ないと困る支援」で「あると便利で・役に立つ支援」の例 ………… 67
❸ 授業の型を一定にするユニット化 ……………………………………………68
　　（1）「おかあさんといっしょ」に学ぶ ……………………………………… 68
　　（2）ユニット化の利点 ………………………………………………………… 68
❹ 授業の進め方を工夫する ………………………………………………………69
　　（1）肯定的・称賛的である …………………………………………………… 69
　　（2）一時一作業の原則 ………………………………………………………… 70
　　（3）多様な学習形態の工夫 …………………………………………………… 71
　　（4）机間指導と姿勢の点検 …………………………………………………… 71
　　（5）学習時差に対応する ……………………………………………………… 72
　　（6）子どもが教師を見る・教師が子どもを見る …………………………… 73
❺ まとめの工夫 ……………………………………………………………………74

保護者との連携ユニバーサルデザイン編

I ユニバーサルデザインの発想で保護者との連携 …………79

❶ 担任が抱える悩み ……………………………………………………………… 80
❷ 保護者との連携でユニバーサルデザインとは？ ……………………………80
❸ 当面の目標 —— 不適切なしつけを避ける！ ………………………………81
❹ 保護者支援の連続性 …………………………………………………………… 82
❺ いい連携ができた事例に学ぶ ………………………………………………… 83
❻ 保護者が本音で話せるとき …………………………………………………… 84
　　（1）いい姿の実現 ……………………………………………………………… 84
　　（2）学校・教師の真剣さを伝える …………………………………………… 85
　　（3）事実の共有が必要なとき ………………………………………………… 85

Ⅱ 改めて、「障害」を受容するとは？ …………………………… 87

- **1** 自分がその子どもの保護者だったら…… …………………………… 88
- **2** ゴールではなくスタートライン ……………………………………… 88
  - （1）受け入れがたい「困難な生」 ………………………………… 88
  - （2）"診断は一時の救い・一生の不安" …………………………… 89
  - （3）相談機関任せにしない！ ……………………………………… 89
  - （4）校内委員会での確認と引き継ぎ ……………………………… 90
- **3** 障害受容に終わりはない ……………………………………………… 90

Ⅲ 保護者が置かれている状況を理解する ……………………… 93

- **1** 保護者の心理的な状況 ………………………………………………… 94
  - （1）「いずれ追いつく……」 ………………………………………… 94
  - （2）育てにくさ感 …………………………………………………… 94
  - （3）自分は必要とされていない …………………………………… 94
  - （4）「何度言ったら分かるの！」 …………………………………… 95
  - （5）やはり納得がいかない！ ……………………………………… 95
  - （6）将来への不安感が強い ………………………………………… 95
- **2** 保護者の生活の状況 …………………………………………………… 95
  - （1）経済的な状況 …………………………………………………… 95
  - （2）家族・地域関係 ………………………………………………… 96
  - （3）保護者の価値観・仕事が優先される ………………………… 97
- **3** 連携の状況 ……………………………………………………………… 97
- **4** 子育て力の個人差もある ……………………………………………… 97
- **5** 教師が独りで抱えない ………………………………………………… 98

Ⅳ 保護者支援・連携の目的と支援のポイント …………………… 99

- **1** 保護者との連携の目的・意義 ……………………………………… 100
- **2** 学校全体でできる保護者との連携ユニバーサルデザイン ……… 100
  - （1）入学前に目を向けた体制づくり …………………………… 100
  - （2）入学後にすること …………………………………………… 103
- **3** 入学後に担任ができる保護者との連携ユニバーサルデザイン … 104
  - （1）学級経営・授業づくりを通してこそ ……………………… 104
  - （2）個別面談の心構えと進め方"4つのC" …………………… 105
  - （3）"親は一生　教師は一時" ── 診断がある子どもの保護者 ── 110

授業ユニバーサルデザイン編

I

"共生社会"の形成とユニバーサルデザイン

"合理的配慮""基礎的環境整備"と通常学級ユニバーサルデザイン

　中央教育審議会（2012）による"共生社会の形成に向けたインクルーシブ教育システム構築のための特別支援教育の推進"（報告）では、障害者等が、積極的に参加・貢献していくことができ、誰もが相互に人格と個性を尊重し支え合い、人々の多様な在り方を相互に認め合える全員参加型の社会、すなわち、"共生社会"の形成を目指す方向性が示されました。インクルーシブ教育システムにおいては、"合理的配慮"と"基礎的環境整備"の提供により、子どもたちが共に学ぶことを追求します。（＊"合理的配慮""基礎的環境整備"の詳細については、文部科学省ホームページにて先の報告書を参照してください。）

　通常学級ユニバーサルデザインとは、発達障害等のある子どもには「ないと困る支援」であり、どの子どもにも「あると便利で・役に立つ支援」を増やす学級経営と授業づくりのことです。"合理的配慮"とは、正に、AさんやBさんに「ないと困る支援」にあたります。その支援の中には、必ず、周りのどの子どもにも「あると便利で・役に立つ支援」があります。その支援の充実が —— ハードではなくソフトの側面における —— "基礎的環境整備"の一つの方向性であり、ユニバーサルデザインであると考えています。これは、学級経営と授業づくりという日々の営みの中にある"共生社会"の形成に向けた歩みなのです。

〈通常学級ユニバーサルデザイン〉
○発達障害等を含む配慮を要する子どもに「ないと困る支援」であり
○どの子どもにも「あると便利で・役に立つ支援」を増やす
○その結果として、全ての子どもの過ごしやすさと学びやすさが向上する。

"学力の向上や豊かな心の育成" とユニバーサルデザイン

聴覚の過敏さがあるため、ざわついた教室が苦手なAさんが在籍する教室の中で、教師が「静かにしましょう」と指示するとします。"静けさ"は、Aさんにとって絶対に「ないと困る支援」です。しかし、授業中の教室が静かになれば、教師の話がどの子どもにも行き届きやすくなります。つまり、"静けさ"はどの子どもにも「あると便利で・役に立つ支援」になり、当然、学級全体の"学力は向上"するでしょう。

暴言のあるBさんへの"温かな言葉"の指導は「ないと困る支援」です。しかし、"温かな言葉"の指導は、どの子どもにとっても「あると便利で・役に立つ支援」になり、"豊かな心の育成"に結びつくはずです。

これらのイメージを次のモデル図に示しました（『実践 通常学級ユニバーサルデザインⅠ ── 学級づくりのポイントと問題行動への対応 ── 』東洋館出版社）。

ユニバーサルデザインはAさん、Bさんだけを支援するのではありません。Aさん、Bさんに「ないと困る支援」であり、なおかつ、どの子どもたちにも「あると便利で・役に立つ支援」を増やすのです。その結果として、図にある楕円（学級経営と授業づくり）の包括性が高まり、さらに、右斜め上を向く矢印の方向に学級全体が高まるのです。すなわちユニバーサルデザインは学力の向上と豊かな心の育成に寄与することになるのです。

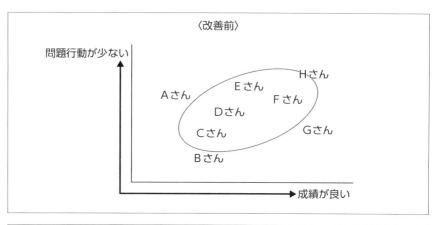

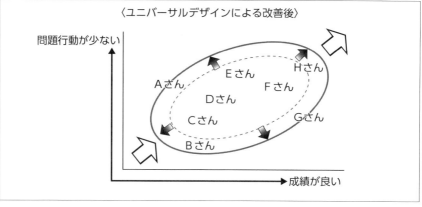

Ⅱ

授業で何を学ぶのか？

前書『実践 通常学級ユニバーサルデザインⅠ ── 学級づくりのポイントと問題行動への対応 ──』（東洋館出版社）では、学級経営におけるユニバーサルデザインに焦点を当てました。本書では、前書を踏まえて、授業づくりと保護者との連携におけるユニバーサルデザインを検討します。

そこで、まず、授業が有する多様な機能を再確認してみたいと思います。

１ 授業そのものに内在する「ないと困る支援」の観点

授業は教育基本法、学校教育法、学習指導要領に基づく学校目標の具現化のために展開される教育活動です。その過程で、授業目標が想定する内容を子どもたちが習得することが期待されています。

しかし、特別支援教育、特に、授業ユニバーサルデザインの観点から授業が果たしている機能を再検討するとそれに止まらないことが明らかになります。

例えば、対人関係に困難を抱えるＡさんがいたとします。Ａさんに「ないと困る支援」は、対人関係にかかわる丁寧な支援です。さて、ここで、国語のある授業場面をイメージしてみてください。その授業の過程では、登場人物の立場で考えたり、友達同士で意見交換したりする場面があります。この内容は他でもない、Ａさんが困難さを抱える対人関係面での支援に直結しています。すなわち、Ａさんには「ないと困る」貴重な支援場面なのです。しかし、そこでの支援を丁寧に展開することは、他のどの子どもにも「あると便利で・役に立つ支援」、すなわち、よりよい友達関係に関する支援になる可能性を内在させているのです。

このような観点から、今一度、授業が果たす機能そのものを再確認してみます。

授業が果たす機能の再検討

（1）授業目標に即した機能

　これは、授業本来の機能と言えます。授業で「分かる！　できる！」を実感する子どもたちは探求心を高め、さらなる高みに到達する達成感や自己実現の心地よさを味わうことでしょう。これは、授業が果たすべき一番の機能であり、教師の立場からも最も期待する子どもの姿です。

> 授業目標に即した内容が「分かる！　できる！」喜びは授業における子どもの一番の求めである。

　一方で、子どもにとって、授業目標に到達できないことが多くなれば「当該の児童生徒にとって毎日の授業は苦痛以外の何ものでもなく、その結果として、例えば授業妨害や授業エスケープなど怠学傾向に陥ったり、非行仲間への加入や犯罪行為に向かったりするなど様々な問題行動に向かうケースも見られます」（「生徒指導提要」文部科学省）とあるように、深刻な事態の遠因になりかねません。

（2）学ぶ喜びを学ぶ ── 教えなくても学ぶ子どもたち ──

　（1）と並んで大変重要な機能です。教育、学校、授業の大切な機能の一つは、教師が教えなくても子どもが自分から進んで学ぶ姿の実現と言えます。教師は教える職業？　ですので、"教師が教えないと子どもは学ばない"と考えがちですが、そうではありません。

> "学ぶ喜び"を実感する子どもは、教えなくても自分から学ぶ。

　"主体的""自主的"というキーワードが学校の研究主題に掲げられることも多くありますが、そこでは"自分から自分で学ぶ姿"が追究されています。授業の究極の目標の一つは明らかに、"学ぶ喜び"を子どもたちが実感することです。

（3）授業目標そのものに共生社会・特別支援教育の観点が内在している

　国語、生活、社会、公民、特別活動、道徳、総合的な学習の時間の授業目標等には、コミュニケーション力や対人関係にかかわること、相手の立場に立って考えること、ルールや約束、さらには法律を大切にすること、人としての生き方や人生を考えること、社会の在り方を見つめること等の要素が含まれています。これらは —— 障害にかかわる内容を直接的に取り上げるか否かにかかわりなく —— "共生社会"の礎となる授業目標と言えます。

> 授業目標そのものが共生社会や特別支援教育と直接関係している。

　ある高等学校では道徳や総合的な学習の時間に、発達障害のある当事者や障害者雇用をしている企業の経営者を講演に招いて、自分自身の生き方を問い直したり、共生社会の在り方を検討したりしています。これらは、正に、高等学校による、高等学校ならではの特別支援教育の取組と言えます。

（4）自尊感情・自己有能感を高める

　授業で「分かる！　できる！」過程で、子どもたちは自信を深めます。授業の中で発表がうまくできたり、友達の前でほめられたりすれば、誰でもとてもうれしいものです。

　例えば、算数は苦手でも、体育が得意でドッジボールの試合で活躍しチームに貢献できたとします。その子どもは体育の授業の中で、友達のため、チームのために役に立てる感覚、自分の役割の重要性に気づくでしょう。自分のよさに気づき、確実に、その子どもの自尊感情は高まるでしょう。

> 授業を通して、仲間の中で自尊感情や自己有能感を育む機会になる。

（5）対人関係・コミュニケーション力を育む

①学び合いと教師の肯定的な支援を増やす

　（3）では、授業そのものの目標やその機能として、特別支援教育の観点が内在している例を考えてみました。しかし、それらをさらに意識して授業

を改善するとどうなるでしょうか。これは全ての教科・領域で活用可能な極めて重要な観点です。

　柳橋知佳子・佐藤愼二による『通常学級における授業ユニバーサルデザインの有用性に関する実証的検討 ── 小学1年生「算数科」を通した授業改善を通して ── 』(「植草学園短期大学紀要 第15号 2014」)によれば、「算数」の授業であっても、子どもはその中で様々なルールやスキルを身につけ、日常生活に般化させていました。また、教師の適切な称賛、温かな言葉が授業中に増えた結果、子どもの学級生活の中での友達関係や日常的な話し言葉にも変容が見られた点が指摘されています。

　これは、特に、1年生段階という特徴を踏まえる必要があります。しかし、授業は、子どもの学校・学級生活、教師による学級経営と独立して成立しているのではなく、むしろ、強い結びつきがあり、表裏一体をなすものであることが示されています。つまり、授業における友達や教師との豊かなやりとり、お互いの称賛や支え合いは、結果として、よりよい学校・学級生活に結び付くことが示されたのです。

○相手の話を聞く力　　○発表して相手に伝える力
○グループで話し合う力　　○丁寧で温かい言葉を使う
○対人関係・コミュニケーションスキルの向上……等

　「単に各教科等における指導上の工夫ということにとどまらず、まさに積極的に生徒指導を行うことでもあります。したがって、これらの指導を行うことは、児童生徒の自己肯定感を高めることやコミュニケーションの成立、よりよい人間関係の構築などにつながります」(「生徒指導提要」文部科学省)と指摘されるとおりです。

②間違い・失敗・違いを受け止める対人関係力・コミュニケーション力
　前書『実践 通常学級ユニバーサルデザインⅠ ── 学級づくりのポイントと問題行動への対応 ── 』(東洋館出版社)で指摘したように、子どもたち

の自尊感情や授業での満足感が高まると、お互いの失敗や違いを許容する雰囲気も高まります。

　授業を通して違いを認め合ったり、失敗を受け止めたりする包括度の高い学級づくりは、共生社会の基盤となります。後に、"共有化"というキーワードを検討しますが、意見の違いや間違い、失敗を受け止める力は、日々の学級づくりの様々な場面で育まれるだけでなく、実は、授業においてこそ育まれることになるのです。授業の過程には実に様々な学びの機能が内在しているのです。

（6）学習方法そのものを学ぶ！

　前書で、"学習の登山モデル"を提起しました。漢字指導の"空書き・指書き・なぞり書き"を例にして、目の前に指で書いてみる視覚ルート、手を大きく動かす運動動作のルート、手のひらに指で書いてみる触覚ルート……を示し、物事を覚えたり、学んだりするルートは決して一つではなく、複数存在することを子どもに示す重要性について触れました。

　例えば、鎌倉幕府の成立は「1185（いいはこつくろう鎌倉幕府）」と唱えて記憶する方法があることに気づくのです。そして、それを様々な学習場面に応用していくようになります。私たちが学校で学んでいたとき、あるいは、受験勉強で何かを覚えたときを思い出してみてください。すぐに、実感できるです。もちろん、調べ学習や話し合い活動を通してもたくさんの学びがあることを学んでいくのです。

> 授業を通して、子どもたちは"様々な学び方や覚え方"があることに気づく。

　これは、授業ユニバーサルデザインの要点の一つでもあります。

（7）友達のよさ・考え方・やり方に気づく

　体育の授業で、友達のやり方をまねしてみたら、とてもうまくできたということに象徴されます。

　さらに、授業の中では、リスペクトできる友達と出会います。当然、同じ

ようにやってみたいというモデリングの機能が働き、自分自身を高める契機ともなります。

体育で友達のすごいワザを見たり、友達の発表から違う発想・考え方に触れたりする過程で、友達のすごさや人間存在の多様性に気づくでしょう。自分の持ち味に改めて気づく機会ともなります。

以上のような、授業が果たす様々な教育的機能の重要性を改めて確認したいと思います。発達障害等のある子どもを含めて多様な子どもが教室に集うことを踏まえるとき、授業改善そのものが通常学級における特別支援教育実現の近道であることが分かります。

③ "特別"ではない支援教育 ── 通常学級の各教科・領域に内在する特別支援教育の視点 ──

(1) 発達障害等の配慮を要する子どもの困難さと各教科・領域の目標

> ○自分の気持ちをコントロールできずに友達を叩いたり、暴言を言ってしまったりする。
> ○同様に、パニックになってしまうことがある。
> ○友達関係がうまく築けずに、対人関係・社会性面で困難さを抱えている。
> ○自分の気持ちを表現することに困難さを抱えている。
> ○落ち着きがなく離席や忘れ物も多い……整理整頓が苦手……。
> ○読んだり、書いたりが苦手である……等。

各学校で話題になりそうな事例をあげてみました。特に、行動上の側面に限って言えば、特別支援教育に固有の領域に受け止められがちです。しかし、上記の例は本当に特別支援教育の課題なのでしょうか。

あらゆる教育活動には教育基本法や学習指導要領に基づく目標があります。教育目標に即して、教育内容・方法が規定されることになります。今一度、その原点に立ち返って考えてみましょう。

本節では、通常の教育における各教科・領域の目標を再確認してみます。もし、関連する目標が設定されているならば、それは、特別支援教育や発達障害にかかわりなく、むしろ、通常の教育の責任において、その目標実現のための内容や方法の工夫が求められることになります。

（２）発達障害の困難さ・特別支援教育と関連する目標

　ここでは、小学校1・2年生の「国語」「生活」「特別活動」「道徳」の目標を学習指導要領から確認してみます。以下は、特別支援教育と関連が深いと思われる目標の中からさらに一部を抜粋したものです。

〈国語〉

> 「相手に応じ、身近なことなどについて、事柄の順序を考えながら話す能力、大事なことを落とさないように聞く能力、話題に沿って話し合う能力を身に付けさせるとともに、進んで話したり聞いたりしようとする態度を育てる」

〈生活〉

> 「自分のよさや可能性に気付き、意欲と自信をもって生活することができるようにする」
> ＊気付いたことや楽しかったことなどについて、言葉、絵、動作、劇化などの方法により表現し、考えることができるようにする。

〈特別活動〉

> 「学級活動を通して、望ましい人間関係を形成し、集団の一員として学級や学校におけるよりよい生活づくりに参画し、諸問題を解決しようとする自主的、実践的な態度や健全な生活態度を育てる」

〈道徳〉

> 1. 主として自分自身に関すること。
> （1）健康や安全に気を付け、物や金銭を大切にし、身の回りを整え、わがままをしないで、規則正しい生活をする。
> （2）自分がやらなければならない勉強や仕事は、しっかりと行う。
> （3）よいことと悪いことの区別をし、よいと思うことを進んで行う。
> （4）うそをついたりごまかしをしたりしないで、素直に伸び伸びと生活する。
> 2. 主として他の人とのかかわりに関すること。
> （1）気持ちのよいあいさつ、言葉遣い、動作などに心掛けて、明るく接する。
> （2）幼い人や高齢者など身近にいる人に温かい心で接し、親切にする。
> （3）友達と仲よくし、助け合う。
> （4）日ごろ世話になっている人々に感謝する。
> 4. 主として集団や社会とのかかわりに関すること。
> （1）約束やきまりを守り、みんなが使う物を大切にする。
> （2）働くことのよさを感じて、みんなのために働く。

　例えば、上記の"道徳"の目標を確認してみてください。本学の学生に、"道徳"という文字を隠して「これを読んでイメージすることは？」と問うたことがあります。すると、── 私が特別支援教育・発達障害関係の科目担当であるというバイアスはあるのですが ──「特別支援学級で大切にすること」等の意見が多く出ました。

　"道徳"は、"自分勝手"、"わがまま"等を想定して、その目標に「わがままをしないで、規則正しい生活をする」「よいことと悪いことの区別をし」等を掲げていることになります。その目標実現のための努力は、当然、通常の教育の責任としてなされるべきこととなります。

　ここで多くに触れることはできませんが、"国語"も、実は、特別支援教育でイメージされる対人関係、コミュニケーション力等が包括されていることが分かります。

　少なくとも、通常学級担任がこれらを年度当初から意識して実践するか否

（３）小学校の低学年期と特別支援教育の観点

　下表は、学校教育法施行規則第51条を基に算出した数値です。もちろん、先に示した教科・領域の目標に限った授業時数ではありません。明らかなことは、低学年期の「国語」「生活」「特別活動」「道徳」は総授業時数の50％以上を占めているということです。

	総時間数	国語	生活	特別活動	道徳	該当時間（割合）
１年生	850時間	306	102	34	34	476（56％）
２年生	910時間	315	105	35	35	490（54％）

　すでに触れたように、小学校の低学年期の各教科・領域の目標には、発達障害等の配慮を要する子どもが抱える困難さへの対応を求める観点がすでに内在していることが分かります。さらに、それらの教科・領域にかかわる授業時数が少なくないことも確認できました。

　改めて確認しますが、通常学級の特別支援教育は、決して、"特別"ではないのです。少なくとも、学習指導要領上の目標として記載される以上、その支援の工夫は、当然の求めとなります。その工夫に際して、特別支援教育の知見を必要に応じて加味することになるのですが、決して、特別な目標のための、特別な内容の指導ではない ── この点だけは強く確認しておきたいと思います。

　"通常の学級に在籍する発達障害の可能性のある特別な教育的支援を必要とする児童生徒に関する調査結果について"（文部科学省 平成24年12月5日）で、発達障害の可能性のある特別な教育的支援を必要とする子どもが通常学級に在籍する割合は約6.5％と示され、次のように指摘しているのです。

「学習面又は行動面で著しい困難を示すとされた児童生徒を取り出して支援するだけでなく、それらの児童生徒も含めた学級全体に対する指導をどのよ

> うに行うのかを考えていく必要がある。例えば、社会生活上の基本的な技能を身に付けるための学習を取り入れる、学習面又は行動面で著しい困難を示すとされた児童生徒が理解しやすいよう配慮した授業改善を行うなどの対応を進めていくべきと考える」

　授業ユニバーサルデザインでは、その学級に在籍している"発達障害等を含む配慮を要する子どもには「ないと困る支援」"をまず確認します。その上で、その部分に対応する各教科・領域の目標・内容を確認し、あらかじめ、その方法を工夫し、学級に在籍する他の"どの子どもにも「あると便利で・役に立つ支援」"を増やし"、"その結果として、全ての子どものたちの過ごしやすさと学びやすさを向上させる"のです。

Ⅲ

いい授業に求められる要件

① 焦点化と共有化について

"授業のユニバーサルデザイン研究会"という研究団体があります。そこで提唱される"焦点化""共有化"という観点に触れてみたいと思います。筆者なりの見解を先に述べてしまえば、"焦点化""共有化"は、"いい授業"の要件であって、ユニバーサルデザインの要件ではありません。"焦点化""共有化"を強める方法の工夫（例えば、"視覚化"）がユニバーサルデザインであると筆者は考えています。

しかし、"焦点化""共有化"という観点は、これまでの筆者の考えや実践の方向性（『実践 通常学級ユニバーサルデザインⅠ ── 学級づくりのポイントと問題行動への対応 ──』（東洋館出版社）、『通常学級の特別支援 ── 今日からできる！40の提案 ──』（日本文化科学社）、『通常学級の特別支援セカンドステージ ── 6つの提言と実践のアイデア50 ──』（同）、『通常学級の授業ユニバーサルデザイン ──「特別」ではない支援教育のために ──』（同））にも、大きな示唆を与えてくれました。

"焦点化""共有化"を解説している『授業のユニバーサルデザイン入門 ── どの子も楽しく「わかる・できる」授業のつくり方』（東洋館出版社）を参考にしながら、筆者なりの解釈を以下にまとめてみたいと思います。

② 楽しく・やりがいがある！ ── 授業に必須の要件 ──

筆者にとっての授業にかかわる原初的体験はやはり知的障害教育における授業です。子どもたちは、つまらない授業には関心を示してくれません。言葉でのコミュニケーションに大きな困難を抱える子どもたちですから、態度で正直に伝えてくれました。

「何をするのか分かる」「どうすればいいのか分かる」「おもしろそう」「やってみたい」「やってみたらできた」「できて、おもしろかったので（手応え

があったので）もう一度やってみたい」……授業の決め手はこれにつきます。いい授業には期待感やできる手応えの共有とでも言うべき雰囲気があるのです。ですから、上記のような要件を備える授業でなければ、特に、知的障害のある子どもは本音で取り組みません。

> 授業で一番大切なことは、子どもが「やりたいと思えるか？　楽しいか？　やりがいがあるか？　取り組む手応えがあるか？　分かったか？　できたか？」
> ── これに尽きる。

すでに、多くの先生方が体験されていますが、どの子どもも盛り上がる授業では、気になる子どももいい姿で参加しています。その要件を少しだけ、丁寧に抽出してみる ── それが授業ユニバーサルデザインの鍵を握ると考えられるのです。

③ 焦点化という要件

（１）焦点化とは何か？

先の文献では、「一時間の授業の中で何を教えるのか、その焦点を絞ること……学習内容の本質を見極め、内容をフォーカスし、授業構成をシンプルにすること」とあります。

筆者は、"焦点化"はいい授業には必須の要件であると考えます。授業目標とそれに即した内容を事前に絞り込み、子どもたちの気持ちや思考活動を授業目標に向けていくプロセスが"焦点化"であり、そのための様々な工夫がユニバーサルデザインという位置づけになります。

①授業目標・内容の焦点化

「何のために」「何をするのか」── 目標が絞り込まれず、その幅が広く、あれもこれもと多岐にわたる内容であれば、子どもの苦戦は必然です。教師も時間に追われる様子が目に浮かびます。限られた時間（45分、50分）の

中で、向かう先（目標）とやること（内容）の明確化はいい授業に必須の要件と言えましょう。それにより、子どもの分かりやすさが高まるだけでなく、教師も取り組みやすくなるのです。

②焦点化のためのユニバーサルデザイン

　例えば、視覚優位のAさんのために、チョークの色使いや貼り物に工夫（視覚の活用）します。あるいは、不注意傾向の強いBさんのために一文一動作の明確な指示（聴覚の活用）を心がけます。これらユニバーサルな手立てを講じて、全ての子どもの気持ちや思考活動を集約し、焦点化していくことになります。

　このように考えてくると、例えば、様々な色チョークを使ったまとまりのない板書は何に焦点を当てて見ていいのか分かりません。あるいは、話し言葉での長い説明は子どもの側からするとつかみどころのない話になりかねません。そのような意味で、これらは、"焦点化されていない"状態と言えます。

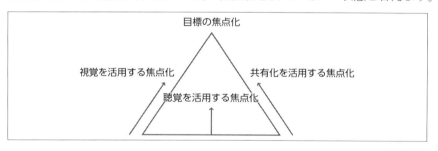

③"学習の登山モデル"と焦点化

　前書『実践 通常学級ユニバーサルデザインⅠ ─ 学級づくりのポイントと問題行動への対応 ─ 』（東洋館出版社）で提起した学習の登山モデルに基づいて検討してみます。先に触れたように、まず、目標を焦点化します。その目標にたどりつくプロセスには、②で触れたように、"見てほしいポイント"が明確になるような板書を心がけ、視覚的焦点化を図りやすいようにするでしょう。また、教師の話という目に見えない聴覚情報の側面でも、話

の内容を絞ったり、わざとゆっくり話したり、くり返したり、間を入れたりすることで、聴覚的に焦点化を図ります。友達と意見交換する共有化も焦点化の一つの手立てになるはずです。

つまり、焦点化は授業のプロセスにおける方法の工夫でもあります。ユニバーサルデザインは焦点化するための工夫において、その本領を発揮することになります。次節以降で、もう少し具体的に検討してみます。

（2）図地弁別という機能からの検討

焦点化は図地弁別機能という観点から整理するとより分かりやすくなります。いい授業は必ず焦点化され、図地弁別が機能しています。

目標の焦点化とは、教室の中で展開される授業という様々な（聴覚的・視覚的……）刺激の地の中から、目標という図が鮮明になり、弁別しやすい状態と言えます。焦点化された授業では、子どもの思考活動が図である目標に向かって働いています。教師の話や友達の発表、話し合いに集中しています。教師の板書に集中しています。言葉を換えれば、教師の話や板書に、子どもの気持ちは焦点化されているとも言えます。

焦点化は、"様々な情報や刺激＝地"の中にあって、"目標に即した情報や刺激＝図"が明確になっている状態です。

（3）聴覚的焦点化

①カクテルパーティー効果

宴会場の様子をボイスレコーダー等で録音して後で聞き返してみると、ざわめきばかりで、誰が何を話しているのか……何が何だかさっぱり分かりません。実際には私たちの耳もこのように、周りの人の声やグラスや皿やフォークのカチカチとしたざわめき全てを空気の振動としてキャッチしているはずです。

でも、私たちは隣の人と普通に会話ができますし、ちょっと注意すれば、少し離れたところの会話さえ聞き取ることができます。ざわめきという地から、特定の人の話し声という図を鮮明に弁別しています。これをカクテルパ

ーティー効果といいます。

② "聞く活動"に配慮を要する子ども

　「耳が左右前後に4つあるような感覚だった」という自閉症の当事者による有名な喩えがあります。環境の中にある全ての音で注意が散漫となり、聞かなければならない音に注意を向けることができなくなってしまう。つまり、先のボイスレコーダーの感覚です。

　人間の聴覚は様々な音＝地の中から、聞きたい音＝図だけを選び取って聞くことができます。それができるのは、様々な聴覚情報の中から特定の音を選び取る脳の機能が想定されます。子どもたちも、周りの様々な音の中から教師や友達の話等の特定の音＝図に注意を向け、それ以外の音＝地を無意識のうちに抑制する聴覚の図地弁別機能＝聴覚的焦点化機能を働かせています。

　仮に、この機能に困難があると、様々な音に困惑したり、わずかな音が入ってくるだけで本人の意思とは関係なく注意がそこに向いてしまい注意散漫になってしまったりします。教室の中には、聴覚的図地弁別機能、すなわち、聴覚的焦点化機能が弱い子どもが存在しています。意図的な聴覚的焦点化が「ないと困る支援」になる子どもたちです。

③ "静けさは最大の支援" ── "聞く活動"に焦点化するためのユニバーサルデザイン

> ○教師の話や友達の発表等を聞く姿勢や態度を育てる学級づくり
> ○教師の話や友達の発表等の聴覚的情報に焦点化しやすい環境づくり（「聞く名人"あいうえお"」等の約束事）
> ○「大事な話をします」等の焦点化を促す支援（授業中の教室がひたすら"静けさ"に包まれる必要があるわけではない。「静かにしますよ」「○○さんの話を聞きましょう」「大事な話ですよ」といった授業の節々で、"静けさ"は必ず求められる。）
> ○水槽の音、窓や廊下の音への配慮……等。

　きく（聞く・聴く・訊く）ことのできる学級づくりが ── もちろん、授業

そのものの工夫も含めて ── 聴覚的焦点化の大前提になりそうです。学級経営ユニバーサルデザインは、授業ユニバーサルデザインの基盤になるのです。授業における聴覚的焦点化のユニバーサルデザインの具体については、第Ⅴ章にて触れたいと思います。

（４）視覚的焦点化 ── スポットライト機能 ──

①ウォーリーをさがせ状態

例えば、カメラで写真を撮るとその範囲の全ての視覚情報が撮れます。私たちの目も同じように、視野にある全ての視覚情報を見ているはずです。目の前にある様々な視覚情報の中から必要な視覚情報を選び取りそれ以外の視覚情報を捨て去って何かを見ています。つまり、視覚的な図地弁別機能が働いているのです。

子どもたちの目も同じように、教室前面の全ての視覚情報を見ているはずなのです。しかし、目の前の教師の立ち姿や黒板に書かれた文字＝図に視覚情報は焦点化していて、時間割等の掲示物や黒板にある色のついたマグネット等の余分な視覚情報＝地を捨てています。

これはある図にだけスポットライトをあてて、焦点化するという意味で、"スポットライト機能"と名付ければ分かりやすいかもしれません。この視覚的焦点化、すなわち、"スポットライト機能"を意図的に働かせにくくする有名な絵本があります。それが、『ウォーリーをさがせ！』です。余分な視覚情報が多いから焦点化しづらい＝見にくいのです。

②"見る活動"に配慮を要する子ども

子どもたちの中には、視覚的焦点化（スポットライト機能）がそもそも弱い子どもがいます。あるいは、視覚情報はそもそも情報源として強いが故に、様々な情報がありすぎると視覚的焦点化を図るのに時間がかかる子どもたちもいます。目の前に様々な視覚情報（地）があることで、本来、焦点化されるべき貼り物や板書のポイント＝図が見えにくいのです。

その子どもたちにとって、黒板を含む教室前面をきれいにし、分かりやす

い板書を心がけることは「ないと困る支援」になります。しかし、次のような手立てはどの子どもにも「あると便利で・役に立つ支援」なのです。

③視覚的焦点化を図るユニバーサルデザイン

> ○教師の板書や貼り物等の視覚的情報に焦点化しやすい環境づくり
>   →黒板・教室正面の余分な掲示物や磁石等＝必要のない視覚的情報を減らす、カーテンで隠す。
> ○黒板をきれいにする。
> ○「ここを見るよ」と見てほしい箇所の黒板を軽く叩く等の視覚的焦点化を促す支援……等。

　視覚的焦点化は、子どものお手本となる教師の日常的な整理整頓の心がけ、そして、子どもたちとともに（黒板を含む）教室をきれいにするという当たり前の学級づくりが基盤となります。授業における視覚的焦点化のユニバーサルデザインの具体については、第Ⅴ章にて触れたいと思います。

　授業目標に焦点化するために、視覚的焦点化、聴覚的焦点化しやすいユニバーサルな手立てが求められていることがご理解頂けたかと思います。

４ 共有化という要件

（１）共有化とは何か？

　先の文献では、共有化とは「子どもがペアやグループで考えを伝え合ったり、教え合ったりすること……（中略）……ほかの子の考えをもとに自分の考えを発展させたり、自分の意見を言葉にすることで理解を深めたり、助言を得られたりできます」とされます。

　筆者の理解では、共有化も、やはり、"いい授業"の要件であって、ユニバーサルデザインに固有の要件ではありません。しかし、この共有化は授業分析の大変意義ある観点であると理解しています。

　友達と話し合う……ような狭義の共有化はもちろん大切なのですが、実際

のいい授業にはそれだけでは決して説明のつかない共有化の機能が働いています。本節では、それも含めて検討することで、授業ユニバーサルデザインをより深めるヒントをさぐりたいと思います。以下に検討してみたいと思います。

（２）いくつかの象徴的な事例から

次のような例を考えてみてください。

例１－チームスポーツをやるときにはおそらく戦略のイメージや勝利に向けての気持ちは共有化されているでしょう。あるいは、合唱や合奏をするときに息を合わせ、気持ちを一つにするという共有化があります。

例２－スポーツを観戦するとき手に汗握るシーンでの観客同士の感情の共有化、あるいは、コンサートにおける観客の一体感や共有化という例もあるでしょう。

例３－映画、落語、お笑い、演劇等の鑑賞における観客同士の感情の共有化というのも想定できます。

例４－特別支援学校の作業学習でも、汗を流しながら仲間と共に働く姿は正に目的意識や雰囲気が共有化されている状態と言えます。

例５－例４と同様に、通常学級でもいい授業には、緊迫感、静けさ、気持ち、躍動感を共有化するという側面が強くあるでしょう。

（３）一方的行為で起こりうる共有化

先の例で明らかなように、話を聞くだけの一方的な行為や授業でも広義の共有化は起こります。意見・感想交換などを意図的に共有化しなくても、結果として、共有化は起こりえます。感動的な話を聞きながら、心情・情緒に強く訴えて、強烈に引き込まれる事象、集団的感情移入現象とでも言うべき情動や感情の共有化が起こりえます。これらは、極めて、一方的な行為でありながら、共有化されているのです。

ここには、いい授業の要件を検討する大きなヒントが隠されている気がします。逆に言えば、仮に、意図的に共有化を仕組む場合は、極めて、力動的

で、立体的な時空間を創りあげることもできそうです。

(4) 共有化の二側面

共有化には、二つの側面があると筆者は考えています。図のようなイメージです。一つ目は、先の例でも挙げたような情動・感情的側面の共有化です。二つ目は、意味的・概念的側面の共有化です。

(5) 情動的・感情的共有化について

非言語的側面の強い共有化です。授業中の教室全体を包み込むような緊張感・静けさ・感動・喜び・共感・学びの雰囲気全てです。臨場感や共鳴的・共振的一体感が高まり、深まっていく集団的感情移入とでも言うべき状況……これらは、焦点化されたいい授業に見られる"空気"を象徴しています。

では、なぜ？ どのように？ 情動的・感情的共有化が起きるのでしょうか。

極端な例示ですが、強面の身体の大きな教師が教壇に立てば、子どもたちにも緊張感が漂うでしょう。共有化を機能させる上で教師のオーラ、すなわち、言語的・非言語的働きかけ（話、そのリズム・テンポ、声の大きさ・高低、表情、身振り、視線……）、その全てが情動的・感情的共有化に無視できない影響を与えるでしょう。

合わせて、子どもたちの個性と教師の持ち味によって醸し出されてきた学級風土にも左右されるでしょう。さらには、授業の導入も大切でしょう。楽しそう、できそう、期待感や見通しを高めながら、展開においても、できる、やれる、分かる手応えを感じ取ることができれば、学級全体の雰囲気は一層高まるでしょう。

いい授業は、情動的・感情的な共有化を図りながら、意味的・概念的共有化との相互作用を通して、目標への焦点化を図っていくのです。

このように、情動的・感情的共有化は、それまでの地道な学級経営や授業

づくりの工夫に大きな影響を受けながら、目標に焦点化する上で極めて大きな役割を果たしていると言えます。

（6）意味的・概念的共有化について

先の定義にもあるように、一般的に共有化という場合は、この意味的・概念的共有化を指すと言えます。具体的には、ペアで話し合う、班で話し合う、自由に動いて話し合う……等が提唱されています。それにより、授業目標への焦点化を図ります。

①学習の登山モデルと共有化

"学習の登山モデル"に即して考えると、この共有化は、とても理解しやすくなります。Aさん、Bさん、Cさんの様々な意見・考えに触れることを通して、ちょうど、らせん状に山を登るように（＝意味的・概念的に共有化されながら）、授業目標に向けて焦点化されるイメージが描けます。

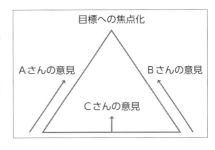

②共有化のためのユニバーサルデザイン

○視覚＝絵、写真、イラストを介在する共有化

　例えば、黒板に大きな写真を掲示する。子どもの視線は一気にその写真に焦点化される。その印象的な写真に釘付けになりながら、驚いたり感動したりする情動的・感情的共有化が機能する。それだけではなく、その写真を通して、意味的・概念的共有化を図れば、その効果はさらに強化されるだろう。

○教科書の登場人物の動きや動作をしてみることでの共有化

○全員で音読する（含：役割群読などのバリエーション）等を通しても雰囲気が高まり共有化される。

　このように、視覚・動作・聴覚等の多感覚器官を働かせながら、意味的・概念的共有化を図る。

③意味的・概念的共有化の前提

　意味的・概念的共有化が機能するためには、次のような学級集団の成熟度が想定されるでしょう。

> ○聞く・聴く・訊くことができる学級づくり
> ○違い、間違い、失敗を受け止める学級づくり
> ○伝える・話し合うを大切にする学級づくり

　意味的・概念的共有化という試みを通して、これらを育てるという側面は確かにあります。しかし、これらが、日頃の学級経営の中で大切にされ、子どもたちの成熟した関係性が育っていることは共有化が機能する上でとても大切なことと言えます。

Ⅳ

ユニバーサルデザイン展開の前提
―「ないと困る支援」に気づく―

これまでの"いい授業"とユニバーサルデザインの違い

（1）普遍的な理念・方法論

　「これまでの"いい授業づくりの工夫"とユニバーサルデザインの違いは何ですか？」── これはよく耳にする問いかけです。ユニバーサルデザインは相応の普遍性を兼ね備えた通常学級の理念・方法論であると筆者は考えています。ですから、ユニバーサルデザインの定義にある「ないと困る支援」の把握を経ない場合でも、授業改善の示唆を得ることができます。つまり、これまで触れてきたことや第Ⅴ章をそのまま授業づくりに活用することが可能です。ただし、その場合は、これまで言われてきた"いい授業"との差異は限りなく少なくなります。

　ユニバーサルデザインは、通常学級に約6・5％在籍することが推定される発達障害のある子ども、気になる子どもたちにも分かりやすい授業論です。そのため、その子どもたちの「ないと困る支援」をあらかじめ確認して、全ての子どもたちに「あると便利で・役に立つ支援」を備えます。

　そこで、よくある疑問・質問にお答えする意味も含めて、改めて、筆者の考えるユニバーサルデザインについて、確認しておきたいと思います。

（2）「ないと困る支援」を踏まえるデザイン

　まず大切な確認をしておきたいと思います。（実は、これもよくある疑問・質問の一つなのですが……）それは「ないと困る支援」＝その子どもの苦手・不得意ということではないのです。もちろん、その把握は必須です。しかし、得意なことの支援も「ないと困る支援」であるということです。その子どもの存在感を学級・授業で確かにするために、その子どものよさや得意が発揮されることも「ないと困る支援」なのです。

> 〈「ないと困る支援」の例〉
> 1. ある子どものよさ・得意な側面に配慮する支援
>   ○視覚情報での理解や表現が得意な子どもの場合→授業の中に視覚的な手がかりを適切に取り入れることは、どの子どもにも「あると便利で・役に立つ支援」になる。
>   ○"話すこと"や発表が得意な子どもの場合も、同様の授業の工夫ができる。
> 2. ある子どもの苦手・不得意な側面に配慮する支援
>   ○聴覚の過敏さがあり、ざわついた教室環境が苦手な場合→授業中の"静かにする場面"は、どの子どもにも「あると便利で・役に立つ支援」になる。
>   ○注意集中時間が短く、教師の指示・説明を聞くのが苦手な場合→一文一動作の話を心がけることは、どの子どもにも「あると便利で・役に立つ支援」になる。

　ですから、その子どもたちの「ないと困る支援」をよさ・得意と苦手・不得意な両側面で把握する必要があります。そのためにも、できる限り、以下を検討したいと思います。もちろん、全てを取り入れるということではありません。学級の子どもの様子に応じて、必要な内容・方法を検討してください。

「ないと困る支援」の把握

　「ないと困る支援」の把握は、もちろん、教師個人の努力でできることもあります。しかし、当該校の特別支援教育・校内支援体制の成熟度によって、かなり差異があるのも事実です。事実、以下のような取組を全校で一貫して展開している例もあります。個人で行う場合は、可能な範囲でということになります。

（1）引き継ぎ情報の確認

　目的は、子どもの得意・よさ・できること・持ち味の確認であり、その上で、子どもの課題を把握することです。そのための具体的な方法を以下にまとめます。

　なお、くり返しになりますが、ユニバーサルデザインは子どもの「ないと困る支援」を把握し、どの子どもにも「あると便利で・役に立つ支援」をあらかじめ計画します。ですから、以下のことは、可能な範囲で、学級開き前に確認する必要があります。何らかの問題が顕著になった後に事後対応するよりも、あらかじめ備えるユニバーサルデザインの事前対応の方が、物理的にも心理的にも少ない負担ですむことになります。

---

①「個別の指導計画」── この計画書の中に②以降の内容や（2）（3）の情報も記載されていることが多い。
②校内委員会検討資料
③ノートや作品のコピーや写真、通知表コピー（補助簿）、行動の記録……。
④すでに診断がある子どもの場合 ── 上記に加えて、医療機関や心理士の情報（心理検査の結果やその所見、服薬情報）。＊検査結果を読み込めない場合には、特別支援教育コーディネーターを通して専門家（センターの指導主事や特別支援学校コーディネーター）に依頼する。
⑤前担任への確認 ── 転勤している場合でも必ず電話での確認をする。
⑥校内の関係者への確認 ── 特に、多動性の強い子どもの場合は、校務員、事務員、養護教諭も含めて聞く。担任が把握できなかった良い面に（もちろん課題にも）気づいていることがある。
⑦保護者への確認 ── 診断のある子どもの場合、新担任から早い時期に連絡が来れば、むしろ、安心しさらなる信頼関係を築くきっかけになる。

　前書『実践 通常学級ユニバーサルデザインⅠ ── 学級づくりのポイントと問題行動への対応 ──』（東洋館出版社）でも触れましたが、引き継ぎはとても大切です。引き継ぎ情報には「ないと困る支援」のヒントがたくさんあります。

その意味で、引き継ぎ情報の確認は、ユニバーサルデザインの始点と言えます。

(2) 客観的なデータの確認

各教科の各分野の得意・不得意を客観的なテスト等で把握します。合わせて、子どもの友達関係や学級での本音の思いを標準化されたアンケート等で把握します。

> ①学力面に関して ── 日常のワークテスト、学力テスト等の活用
>   特に、LDの子どもの場合は日常の学習評価を丁寧にすれば十分に気づくことが可能である。学期の節々で「どこまで読めているのか」「どこまで書けているのか」等の確認を丁寧に。
> ②学級生活状況・友達関係に関して ── 標準化されたアンケート調査の活用
>   →Q−Uアンケート（図書文化）、アセス（ほんの森出版）、あるいは、Y−Pアセスメント（横浜市教育委員会）をはじめとする教育委員会独自のアンケート……等。

(3) 子どもの主観的な思いの把握

「ぼくにはしげきがさす！」「つくえがぐちゃぐちゃだとこころもぐちゃぐちゃになる……」と訴えた1年生がいました。何とも鋭い指摘です。この子どもには"静かにする場面がある学級""整理整頓された教室環境"は「ないと困る支援」だったのです。しかし、それはどの子どもにも「あると便利で・役に立つ支援」になるはずです。

学級生活や授業の主役は子どもです。子どもの本音の声を聞く姿勢、それに寄り添う姿勢を持ち続けたいと思います。心理検査の専門性は通常学級担任に必須ではありません。しかし、子ども自身がどう思っているのか ── その主観的な感覚に寄り添うことは、正に、教育・担任に強く求められる専門性と言えます。その子どもの主観的な感覚にこそ「ないと困る支援」の手がかりがたくさん隠されています。

アンケートの内容・性格、あるいは、その実施方法に応じて、次のように

分類してみました。

①アンケートの内容

	項　目	具体的な内容
学級生活	生活環境	机・ロッカー・戸棚等の整理整頓、教室・黒板・カーテンの清潔度、教室正面の余分な掲示物、水槽の音……等。
	友達との関係	○よく話をする友達がいる、 ○悪口を言われる……、○学級への思い……等。
	教師との関係	○よく声をかけてくれる、○守ってくれる、 ○見てくれる……等。
	生活全般の満足度	○「頑張っていることベスト3」 ○「ちょっと困ったアンケート」……等。
学習全般	学習内容	○教科の得意や不得意（さらに詳細化する場合は、国語の各分野――読む、書く（ひらがな、漢字）……等。 ○授業内容が理解できたか・できなかったか……等。
	授業評価	教師の声の大きさ・早さ、黒板の分かりやすさ、貼り物、プリント……等、教師の指導の方法に関する子どもからの授業評価。

　いくつも項目を挙げましたが、さらに詳細にすることも、簡便にすることも可能です。いずれにしても、子どもたちにとっても、（後で一人一人のアンケートを確認する）教師にとっても負担が少ないように、ポイントを絞り込んで実施します。その意味では、次のアンケートの方法も内容以上に大切かもしれません。

　余談ですが、学校研究としてユニバーサルデザインを取り上げる際に、このような子どもたちの満足度・自己評価の変化を指標としてあげることはとても大切です。多くのことを学ぶことができます（榎本恵子（2014）：『通

常の学級に在籍する読字・書字困難を抱える児童を包括する国語の授業づくり ── 児童のアセスメントとユニバーサルデザインの視点をふまえて ── 』平成25年度千葉県長期研修生 研究報告書 ── 特別支援教育 ── ）。

②アンケートの方法

時期	定期的（毎日、週末、学期末、単元の前後、１年に一度）あるいは不定期 ＊"今日の一言アンケート""週末アンケート"のように、内容を簡便に、アンケートの間隔を短くする方法もある。
実施者	担任あるいは第三者　＊第三者の場合、例えば、担任の出張に際して教頭先生等それなりの立場の先生が「今日は担任の○○先生に言いたい放題！」と題して、"先生のこんなとこが好き""先生に直してほしいところ"などを発表してもらう、あるいは、アンケートに書いてもらう。
方法	○質問紙 ── "ある ── ない"の単純二件法から、"よくある・時々ある・ほどんどない・全くない"の四件法、"とても得意・まあまあ得意・普通・少し苦手・とても苦手"の五件法等を内容に応じて検討する。 ＊質問紙の場合は、「自分でつける通知票」「先生への通知票」等のネーミングの工夫も大切 ○聞き取り ── 質問紙アンケートをとった上で、個別に聞き取ることもある。また、読みに困難さを抱える子どもの場合は、アンケートを読めない可能性があるので留意が必要である。

　以上のように、アンケートの内容と方法を工夫することで、様々な角度から子どものよさ、得意・不得意、しんどいことを把握します。それにより、「ないと困る支援」が見えてくるはずです。

（４）子どもの主観的評価と客観的な評価の違い

①**客観的な評価（ワークテスト、教師による観察評価）と自己評価のズレがある場合**

　客観的な評価では明らかに苦戦しているように見えても、自己評価では頑

張っていると受け止めている、あるいは、全く気にしていないことがあり得ます。また、その逆に、客観的な評価は高いが、「もっとできるはずなのに……」と自己評価が低い場合もあります。

このようなアンケート評価で留意すべき点は、上記のようなズレがあることを認識しておくことです。つまり、客観的な行動やその評価と子どもの本音の思いは必ずしも一致しないということです。客観的な評価と自己評価を踏まえて「ないと困る支援」を検討する必要があります。

②小学1年生と高学年・中学生の意識の違い

勉強に対するイメージは低学年期には固定化していなことが多くあります。つまり、一つの単元で子どものその教科に関するイメージは劇的に変わることがあり得ます。しかし、中・高学年以上になるといわゆる"苦手意識"として固定化する傾向が見られます。

国語が苦手だとしても、例えば、「漢字は得意！」という思いをすくい取ることも大切になるでしょう。国語に苦手意識があるとしても、その子どもには、"漢字"に関することでの出番が「ないと困る支援」の一つになりえるからです。

（5）「ないと困る支援」の中から「あると便利で・役に立つ支援」をデザインする！

上記（1）〜（4）によって、「ないと困る支援」がかなり明らかになるはずです。大切なことは、それら「ないと困る支援」の全てを通常学級担任が抱えないことです。子どもは20〜40人近くいるわけですから、それは不可能です。「ないと困る支援」に仮に優先順位をつけるとします。「ないと困る支援」であっても、周りの子どもたちには「あると便利で・役に立つ支援」にならないケースは当然あり得ます。それについては、通級指導教室での個別的支援や校内支援体制を組織しての何らかの支援が求められるでしょう。ユニバーサルデザインはこれらを否定するものではありません。

ですから「ないと困る支援」を次のように分類します。

> ①周りの子どもたちにも「あると便利で・役に立つ支援」として学級全体に展開する場合＝ユニバーサルデザイン
> ②担任一人でも実践可能な個別的支援をする場合
> ③通級指導教室を含む校内外支援体制で個別的に支援する場合

　③については、校内委員会で検討する必要があります。②については、無理なく実践し、必要があれば、③の支援に移行することも大切です。また、可能ならば、①に組み入れることも検討します。少なくとも、担任独りで抱え込まない体制が大切なのです。
　①がいよいよユニバーサルデザインになります。学級経営の中で、授業づくりの中で様々な工夫が可能になるはずです。次章では、その代表的な実践事例を確認します。

V

授業ユニバーサルデザインの実践的展開（1）

子どもの活動を高める

(1) 強調されすぎた"視覚化"

　通常学級の（特に、授業に関する）特別支援教育の10年を振り返ると明らかなことは、極端な"視覚的手がかり重視"であったということです。図にあるモデルAです。前書『実践 通常学級ユニバーサルデザインⅠ ── 学級づくりのポイントと問題行動への対応 ── 』（東洋館出版社）でも触れましたが、もちろん、視覚化は有効な手立てではあるのです。ですから、余力ある範囲で視覚的手がかりを用意したいのですが、残念ながら、通常学級担任の繁忙度はそれを許す状況にはありません。

　図のモデルAは確かに理想ではあるのですが、もう少し考える余地があるのではないのか……というのが、前書の提案であり、モデルBでした。つまり、"見る活動"＝貼り物というイメージからは少し距離を置いて考え、むしろ、"聞くだけの活動"を少なくし、"見る活動"以外の活動を増やす視点が大切ではないかということです。

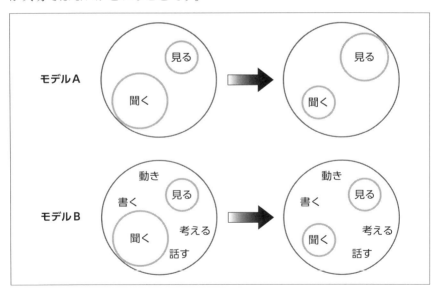

（2）子どもの活動という観点

　いい授業は、子どもの活動（考える、聞く、見る、書く、話す、動き……）がとても高まっています。見るものを引きつけるぐらいに、正に、真剣に取り組む空気が共有化されています。

　授業の中で、子どもたちは単純に"見ている"だけ、"聞いている"だけということはむしろ少なく、"見ながら・考える""聞きながら・考える"ことの方が多いはずです。しかし、より焦点化され、より共有度の高い、いい授業のために、子どもの活動それぞれ（聞く、見る……）を高める事前の準備が求められています。ユニバーサルデザインは計画段階で検討される事前対応モデルなのです。

　本章では、授業ユニバーサルデザインの実際に触れます。これまでのユニバーサルデザインの議論は、"視覚的な手がかりの活用""一文一動作"等、教師の方法論として語られることが多かった印象があります。もちろん、結果的には、支援上の工夫の具体的な手立てとして検討することになるのです。しかし、もう少し子どもの側の目線から整理をしてみたいと思います。つまり、子どもの活動をいかに高めるのかという観点です。

 ## 子どもが"聞く"活動を高める！

（1）あるエピソードから ── 聞いているようで・聞いていない！ ──

　筆者は県外で開催される講演冒頭「千葉県にあります植草学園短期大学の佐藤愼二と申します。よろしくお願いします」と挨拶します。そして、講演の途中で、「さて、植草学園短期大学は何県にありますか？」と突然、参加者に振ることがあります。半数以上の人は「えー」という表情をしながら、「茨城県？」「東京？」……等と答えてくれます。

　「『子どもにちゃんと聞いてなきゃダメ！』なんて、いつも叱っていませんか？」と追い打ちをかけます……。そして、「人は聞いているようで、聞い

ていないことがたくさんあります」と確認します。

　人間の耳は絶対に筆者の冒頭の挨拶をキャッチしています。しかし、聴覚情報として選択され、記憶の箱に止まることはありませんでした。聴覚情報は消えてなくなります。その人の関心の向き・度合いも様々です。さらには、聴覚記憶の箱の大きさも様々です。

　つまり、聴覚的焦点化を意図したか否かは極めて重要なポイントとなります。授業というのはある意味、話し言葉（聴覚情報）中心の世界です。ですから、聴覚的焦点化を図り、子どもが聞く活動を高めなければ、聴覚情報をキャッチする網の目をすり抜けていく情報の方が圧倒的に多いと考える必要がありそうです。

（２）聞き続けることが苦手な子どもたち

　大学の授業はかなりユニバーサルにやっているつもりです。しかし、やはり、説明が長くなると途端に、階段教室に座る100名の学生の変化が手に取るように伝わってきます。スマホは机上に置かない約束で、私語、居眠りは一切禁止ですので、それ以外の行為、例えば、髪の毛をいじり始める、手の指のマニキュアを見る……集中力が途切れ始める学生が一人、二人……と出てきます。"聞く活動"を高める難しさを大学でも実感しています。「長い説明や指示は外国語の授業のようだった」とは、言い得て正に妙と言える喩えなのです。

　"聞き続けることができない子どもが増えている"という話を耳にします。大学でも同様です。

　現在の子どもたちは、テレビで流行のお笑い番組のスピード感とテンポのよさにはついてくることができても、長い話を聞くことには慣れていないのでしょう。これは、発達障害の有無ではなく、子ども一般に当てはまることだと思います。

（３）"聞く活動"の難しさ

> "聞く活動"はできて当たり前と思われがちだが、決して簡単なことではない。

　先に紹介した柳橋・佐藤（2014）によれば、一文一動詞の大切さはもちろん指摘されたのですが、むしろ、教師の説明が長くなればなるほど、子どもの集中力が落ちていくことが示されました。話し言葉の短所を整理してみました。

①話し言葉は目に見えず、消えてなくなるため、万が一、聞き逃すと再確認できない。
②長い話だと聞いていても話の要点をつかみづらい。
③聞く活動は終点が不明確 ── 書かれた言葉は終わりが分かるが、話し言葉は終わりが分からない。
　まして、注意集中の困難さをもつ子どもの場合、終わりが見えないことに対して、注意を維持することは困難。
④聴覚情報の記憶の箱が小さい場合、当然、入りきらない情報がある。
⑤長い話の言葉や文脈を関連づけながら聞く作業は、かなりの注意維持力が求められる。
⑥座って話を聞く活動＝静止して聞くという受け身の活動が長く続くと集中力は落ちる。

　子どもの"聞く活動"そのものが決して簡単なことではないことを踏まえるならば、"聞く活動"そのものを高める学級経営や授業づくりの地道な努力が欠かせないことになります。

（４）地を整え・図を鮮明に！

　"聞いているようで・聞いていない、あるいは、聞き取れていない子どももいるのです。ですから、話し方の工夫や視覚情報の活用で補う等はもちろん大切になります。

　しかし、まずなすべき努力は、地をいかに整えるかなのです。あまりいい例ではないですが、落ち着きのない学級では、教師の声が大きくなります。

地がざわついているため、教師の声という図を際立たせるために、いつの間にか声が大きくなっていくのです。

このように考えてくると日頃の学級経営がいかに大切か分かります。図を工夫する前に、地を整える──これが"聞く活動"を高めるポイントです。その上で、図を鮮明にする手立てを講じます。

> ○地を整える──授業に不必要な余分な話し声や音を"聞きたくなくても・聞こえてしまう状況"を避ける。
> ○図を鮮明に──教師の話や友達の発表が"聞こえていても・聞いていない状況"を避ける。

(5)「ないと困る支援」で「あると便利で・役に立つ支援」の例

> ①静けさを大切にする学級づくり
>   →おしゃべりや水槽の音等の余分な音を"聞きたくなくても・聞こえてしまう"状態にしない。
>   →一日に一度は目をつむって静けさの心地よさを体感する活動を行う……等。
> ②聞いてもらえる心地よさを体感しながら、話を聞く大切さを全員で実感できる学級づくり。
>   →前書でも触れたが"聞く名人『あいうえお』"等の聞き方そのものを全校で一貫して大切にする。
> ③話・説明を短くするための事前の教材準備を大切にする。
> ④聞く姿勢をつくる。
>   →低学年ならば、「グー・ペタ・ピン」のような合図で聞く姿勢をつくる。合わせて、姿勢のいい状態を描いたカードを示す等。高学年、中学生でも、「背筋を伸ばす」等の具体的な指示を入れながら、姿勢の大切さを確認する。
> ⑤聴覚的焦点化──聞いてほしい言葉を鮮明にする。
>   ○余分な話、余分な言葉を削る。
>   →聴覚的焦点化を図り、"聞こえていても・聞いていない"状態を避けて、聞くポイントを鮮明にする。
>   ○注意を引きつける前置きの言葉を大切にする──「大事な話をします」「鉛筆を置きます」「もう一度言います」等。

○話のリズムとテンポ、声の大きさを変える ── 間を取って話す、ゆっくり話す、わざと早口で話す、わざと小さい声で話す……等。
　　○ポイントは全員で声に出して読む。
　⑥その他の工夫
　　○挙手指名ではなく、ランダム指名で"聞く緊張感"を高める
　　○"聞くだけの活動"にしない ── 板書したポイントを読んでから説明する。教科書のポイントを指さし、読んで確認してから説明する。話のポイントを板書する等。※視覚情報とセットで聴覚情報を活用する。
　　○「三つ話します」など、話の終点を明確にしてから話し始める。

　長い話を聞くだけで、その要点をつかみ取るのは、大人でも決して簡単なことではありません。ですから、子どもの"聞く活動"を高めるためのユニバーサルデザインは、確実に、学力向上にも寄与するはずです。
　なお、一点、確認しておきます。ノートはあまりとらないが、"聞くことがとても得意"な子どもが必ず存在するという事実です。聴覚的焦点化による"聞く活動"を高める実践は、この子どもたちにとっても「ないと困る支援」になるのです。しかし、どの子どもたちにも「あると便利で・役に立つ支援」になるのです。

③ 子どもが"見る活動"を高める

（1）見ているようで・見ていない！

　講演先でいきなり、「ドアの色は何色でしたか？」「受付にいた先生の洋服の色は？」と、参加者の先生方に問うことがあります。全ての参加者はそれらを明らかに見ていたはずなのです。でも、覚えていません。人間は80％の情報を視覚を通して得ると言われるように、視覚情報は強いはずですから、本来は覚えていても不思議ではありません。確実に、視野に入っていたはずなのに、視覚情報としては記憶されていません。人は関心のある方向に意識

を向けます。実は、見ているようで・見ていないことばかり……。視覚的焦点化がいかに大切かが分かります。

　逆に、全てが真っ白で、ドアの色だけが真っ赤だとしたら、あるいは、先生の洋服の色だけが真っ赤だとしたら、記憶に残ったかもしれません。視覚的に焦点化しやすい状況ができていたと言えます。多すぎる視覚情報は、焦点化しづらいのです。何を見てほしいのか？ "見る活動"を高める、すなわち、見てほしい物に注目し、焦点化しやすい状況づくりが求められているのです。

　書画カメラを使うと子どもの視線が一斉にスクリーンを見つめる経験をもっている読者も多いはずです。食い入るように見る子どもの姿からは、視覚情報の強さは手に取るように伝わります。ここでは、そのような子どもの"見る活動"を高めるユニバーサルデザインを検討します。

（２）"見る活動"の利点

　"百聞は一見に如かず"との喩えにあるように、"見る"ことの利点をまずは確認しておきます。

```
①人間は約80％の情報を視覚ルートから得ると言われるように、視覚は強い
　情報入力器官である。
②書かれたものは消えない。仮に忘れても、もう一度、見て確認することが
　できる。
③書かれたものは終わりが明確である。
④書かれたもの（図や表）は、全体を把握しやすい。
⑤色の違いや濃淡によって、焦点化を図りやすい。
```

（３）地を整え・図を鮮明に！

　先に触れましたが、図と地を弁別するという観点はとても大切です。視覚情報は強い故に、**図**を鮮明にするための**地**が大切なのです。「視覚的手がかりを大切に！」と言われると、貼り物を作るなどが思い起こされます。もちろん、そのような鮮明な**図**を用意することは大切です。しかし、通常学級担

任が各教科・毎時間に何らかの貼り物を準備できるかと言えばそれは無理な話です。

　子どもが"見る活動"を高めるためには、むしろ、図を鮮明にする地が大切になります。地をどこまでシンプルかつきれいにできるかがポイントなのです。地がスッキリしているからこそ、図にスポットライトをあてやすい状況、視覚的焦点化を図りやすい状況ができるのです。

> ○地を整える ── 授業に不必要な余分な視覚情報を"見たくなくても・見えてしまう状況"を避ける。
> ○図を鮮明に ── 大切な板書や貼り物が"見えていても・見えていない状況"を避ける。

　黒板をきれいにし、整理整頓を心がけることは、子どもとともに、毎日取り組むことができる地を大切にするユニバーサルデザインの基本的な取組と言えます。

（４）「ないと困る支援」で「あると便利で・役に立つ支援」の例

> 1．視覚的焦点化を図る ── 図を鮮明にし、地を整える支援の原則
>   ○余分な掲示物のない教室の正面 ── 教師と黒板が図になるように、それ以外の余分な情報はできるだけ地となる教室正面からなくす。
>   ○映画館のスクリーンのようにきれいで、余分な情報のない黒板にする。
>   →板書や貼り物が図になるように、地である黒板にあるマグネットやネームカード、消し残しがないようにする。
>   ○スポットライト機能が働きやすいように、図が鮮明になる地を整える。
> 2．黒板に「ないと困り」「あると便利で・役に立つ」支援
>   ○"日付、本時で扱う教科書のページ、めあて"の３点セットは確実に板書する。
>   →教科書のページやめあてを示すことはその授業の終点を示すことになる。自閉症の子どもにとって、"終点"を明確にすることは「ないと困る支援」の象徴と言われる。しかし、どの子どもにとっても"どこまでやればいいのか"はっきりすることは「あると便利で・役に立つ支援」になる。

○マグネットで取り外し可能な補助黒板を用意して、授業のメニューを示す。
　　　→最近は大人が見る5分のニュース番組でもテロップでメニューが示される。子どもが取り組む45分、50分の授業ならばなおのことだろう。見えない時間の流れを"見える化"することで救われる子どもは多い。これは中学校でも高等学校でも実践可能な取組である。
　3．貼り物の活用 ── 無理なく用意することが大前提
　　○単元計画表（全体に示す掲示物でなくても、各個人が授業で毎時間活用するプリントとして用意することも）により流れと終点を明確にする。
　　○単元に関連した実物、写真、教科書の挿絵・本文の拡大コピー……等。
　4．補助的用具・視聴覚機器の活用
　　○ポイントを指し示す"矢印カード"や何らかの視覚的ツール
　　○指示棒
　　○吹き出し黒板
　　○電子黒板、実物投影機、パワーポイント……等。
　5．最大の視覚的手がかりは"顔"
　　○子どもの目をしっかりと見ながら話をする。
　6．その他
　　○見せ方の工夫・演出 ── 部分だけを見て考える、ブラックボックスから取り出す……等。
　　○板書を読んで確認する……等。

子どもが"動く活動"を大切にする

（1）講演会での睡魔……

　わずか1時間程度の講演であっても、睡魔に襲われることがあります。「そんな経験は一度もない！」という強者の読者はおそらく皆無でしょう。そのように考えると、一日6時間目まで授業を受けている子どもたちは正に尊敬に値するのです。5時間目にでもなれば、誰だって眠くなるのです。どれほど大きな声を出しても（聴覚の活用）、どれほどの写真や図を用意しても（視覚の活用）、集中力の維持が困難なときがあります。

あらゆる聴覚的ルートや視覚的ルートを凌駕する情報ルート、それが"動き（身体活動）"です。動きは人間の覚醒水準や集中力を維持する、あるいは、それらを高める機能があります。

授業中の動きにも当然、眠気を吹き飛ばす効果があります。否それ以上に，"集中力を維持し高める"に違いないのです。つまり、動きはどの子どもたちにも「あると便利で・役に立つ支援」になるのです。

（２）多動性の強い子どもと授業中のルールのある動き

多動性の傾向が強い子どもは"動くことが好き・得意な子ども"とポジティブに解釈したいものです。つまり、授業中の何らかの動きは、この子どもたちにとって、いわば、「ないと困る」必須の支援と言えます。そのため、授業中のプリント配り係という動ける役割は極めて的を射た活動と言えるのです。

しかし、ユニバーサルデザイン時代の発想は違います。先に触れたように、私たち大人にとっても動きは「あると便利で・役に立つ支援」になるわけですから、授業中の適度な動きは周りのどの子どもたちにとっても"ありがたい支援"になるのです。

①動きそのものが眠気を飛ばし、脳を活性化する役割を果たす。
②立ったり、座ったり等の何らかの動きが入ることで気分転換になる。
③何らかの動きが入ることで、気持ちを切り替えるきっかけになる。

（３）「ないと困る支援」で「あると便利で・役に立つ支援」の例

1. 立つ ── 座る
   ○音読に際して　○全員起立の状態でスタートし、分かった人から座る…等。
2. 手を挙げる、指でさす、手で形を作る
   ○賛成・反対で挙手する　○板書の一部を指でさす
   ○教科書の問題番号を指でさす　○頭の上で○や×や△を作る
   ○漢字や地図記号等の空書き、「大」「人」等の漢字を身体で表現する……等。

> 3．ペアや班で話し合う
> 4．立って歩く
>   ○意見交換タイム　○黒板の前に集まる
>   ○黒板にネームカードを（賛成・反対コーナーに）貼る
>   ○ヒントコーナーに行く……等
> 5．プリントの配布・回収
> 6．声に出す
>   ○音読　○フラッシュカード　○クイズに全員で答える……等。
> 7．「整理整頓タイム1分」「シャキッとタイム」「リフレッシュタイム」等の動ける時間の用意。
> 8．オノマトペ言葉を動作で表現する……等。

（4）動きで本質的な理解を深める

　劇に取り組むことがあります。なぜ教育活動で劇を取り入れるのでしょうか。もちろん、言語・表現活動、役割活動を豊かにするという側面が強くあります。しかし、実は、それ以上に大きな教育効果があります。それは、動きを取り入れることで、より本質的な理解が深まるのです。例えば、国語の2年生の教材にある「スイミー」では、「大きな魚がミサイルのようにつっこんでくる」というシーンがあります。それを実際に子どもたちが手や身体で演じてみるのです。

> ○ある場面がよりリアルに再現できる。
> ○登場人物の気持ちに寄り添いやすくなる。

　国語の教科書の文章にあるオノマトペ言葉を動作・動きで表現することによって、その情景がよりリアルに認識できたり、登場人物の思いに肉薄できたりします。特に、国語の時間には大切にしたい視点です。

（5）動きと学力向上

　これは言うまでもないことです。座学は──完全に眠る子どもはいないとしても──確実に集中力を奪います。

くり返しますが、これは我々大人が研修会・講演会で経験済みのはずです。動く時間があると、逆に、眠気は飛びます。集中力が高まります。当然、子どもたちの授業への参加度は高まるのです。

　多動性の強い子どもに「ないと困る支援」である動きを授業に取り入れることは、他の周りのどの子どもにとっても「あると便利で・役に立つ支援」になるのです。学力が上がるのは必然的な結果です。

子どもの"多感覚器官での活動"を大切にする

（1）顔を見ながら話を聞く

　筆者は、今どきでは珍しいのですが、講演会でパワーポイントを使用しません。配付資料と話の勢い、学級づくりで活用する簡単エクササイズやマジック、そして、時々跳んだり跳ねたりのパフォーマンスだけで講演を進めます。すると、会場の多くの方が、筆者の顔を見ながら話を聞こうとします。筆者はお世辞にも二枚目とは言えず、頭髪のはげかかったただのおじさんですし、顔に何かが書いてあるわけでもありません。しかし、顔（立ち姿？）を見ながら聞こうとするのです。

　筆者の講演に限らず、授業でも子どもたちは前に立つ教師を見ます。逆に、私たちも子どもの目を見て、子どもの気持ちを離さないように力を込めます。子どもでも大人でも私たちは話を聞くとき、話し言葉での情報に加えて、その人の表情、視線、しぐさ、立ち振る舞い……その人から発信される情報をトータルにキャッチしようとするのです。つまり、人間は五感を駆使して、情報収集を図るのです。これは、先に触れた、"情動的・感情的共有化"でもあります。その方が、聞き取りやすくなる、分かりやすくなると経験的に知っているのです。

　私たちは、多感覚器官でキャッチする様々な情報を頭の中で統合させて"理解"し、その"理解"を深めるのです。

(2) 学習の登山モデルと多感覚ルートの同時提示法

前書『実践 通常学級ユニバーサルデザインⅠ ── 学級づくりのポイントと問題行動への対応 ──』(東洋館出版社)で漢字指導の一つである"空書き(目の前に書く視覚法・運動動作法)・指書き(手のひらに書く触覚法)・なぞり書き"の有効性に触れました。これは正に、多感覚ルートの同時提示法と言えます。ある漢字を覚えるという目標に向けて、いくつかの登山ルート(いくつかの感覚器官での覚え方)を同時に示しているのです。

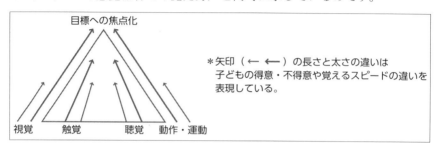

(3) 多感覚ルートの同時提示法の利点

1. 子どもが多感覚での学習方法があることに気づく
   ○子どもが自分の得意なルートで登れる(理解する)ことに気づく
   ○複数のルートを統合・共有しながら登って(理解する)もよいことに気づく
2. 情報入力のバイパスを用意する。
   ある感覚ルートで情報を逃しても、別な感覚ルートでその情報をキャッチする可能性を高める。
   つまり、より多くの子どもを救う可能性が高まる。

多感覚ルートの同時提示法は、学習者である子どもの学びやすさと理解の幅や方法を高めることにつながります。言葉を換えれば、子どもが得意なルートでの覚え方に気づいたり、覚える工夫をするきっかけをつくったりします。子どもたちは、例えば、「いいはこ(1185)つくろう鎌倉幕府」と唱え

ながら，年号を見て覚える、あるいは、唱えながら書いて覚えるという多様な覚え方に気づくことになるのです。

（4）「ないと困る支援」で「あると便利で・役に立つ支援」の例

○かけ算九九 ── 九九表を見ながら、唱えながら覚える方法。これは"見ながら（視覚）・唱えて（聴覚）覚える"という多感覚ルートの同時提示法の象徴。
○漢字の聴覚化（「佐」という字はカタカナの「イ」「ナ」「エ」の「佐」）
○黒板に漢字をチョークで大きく書く意味 ── 視覚情報だけでなく、「カチッ、カチッ」という音とともに教師が板書する動きで漢字の形や画数をイメージするポイントになる。
○「いいはこ（1185）つくろう 鎌倉幕府」
○「教科書36ページです」と言いながら、教師が持つ教科書のページを子どもに示し、「問題の4番を指で押さえて」と指示する。
○「10だんごの歌」 ── 10の合成分解を「6と4で10だんご」と唱えて覚える。
　＊宇野友美（2013）:「通常学級の算数におけるユニバーサルデザインの授業づくり ── 小学1年生の繰り下がりのある計算指導に焦点を当てて ── 」（『特別支援教育研究』No.673.2013東洋館出版社）

Ⅵ

授業ユニバーサルデザインの実践的展開（2）――授業の流れに即して――

1 授業の導入の前に
── ミニマムスタンダードという発想 ──

（1）ミニマムスタンダードとは？

　学校生活、授業には目に見えない暗黙のルールがたくさんあります。ルールを担任任せにすると、年度当初に新たなルール指導をする必要が出てきます。

　しかし、そのルールを見える化したり、学校・学年で共通理解したりすることで、教師の余分なルール指導や指示や注意が減り、学習効率が高まります。子どもの側から考えても、担任が替わっても、クラス替えがあってもルールが変わらなければ、主体的に取り組むことができ、スムーズになります。つまり、学習のスタートラインを揃えるという効果も期待できます。

（2）「ないと困る支援」で「あると便利で・役に立つ支援」の例

○授業前に必ず机の配置を整える
○座り方 ── "グー・ペタ・ピン"
○"聞く名人"、"話し方・発表名人"等の型の確認。
○挙手の仕方（黙って手を挙げる、「ハイ」と言って手を挙げる……）の確認
○静かにするときの約束の確認 ──「手を膝に置きます」等の指示、"静かに"と書いたカードを示す……等。
○話し合いの約束
○教科書・ノートの準備 ── どのタイミング（休み時間、日直のあいさつの後……）、どのように机の上に置くのか（＊イラストで置き方を示す……）
○学習姿勢を支える指示 ──「鉛筆を持ちます」「鉛筆をノートの上に」── 基本的な約束事の確認
○板書の方法とノート指導 ── 日付・教科書のページ、めあての板書……等
○チョークの色 ── 基本は白と黄色だけに絞り、ポイントは黄色でラインや囲み……等。

---

2 導入を工夫する

（1）目的

　導入での期待感や全員で授業に臨む意気込みの高まりは大切です。まずはその目的から確認します。

○みんなで取り組む雰囲気づくり ── 期待感と"できる・やれる"という意気込みの共有化
○脳の活性化を図る ── 体育の時間に準備体操をするように、脳の準備体操
○学習への緊張感を高める ── 一人一人が課題に関する予想を立てて、立ったり、手を挙げたり、ネームカードを黒板に貼ったりして立場を表明することで参加意識を高める。
○授業目標と流れの確認

（2）「ないと困る支援」で「あると便利で・役に立つ支援」の例

　例えば、我々大人が見るたった5分のニュースでもテロップでメニューが示される時代になっています。だとすれば、どの授業でも目標（めあて）・終点を示すことは一つのスタンダードにしたいと思います。自閉症のある子どもにとって"目標＝終点（その時間の教科書の終了ページやめあて）"の明確化は「ないと困る支援」です。しかし、どの子どもにとっても「あると便利で・役に立つ支援」になるのです。

○復習的内容のフラッシュカード（漢字、計算、地図記号……）
○早口言葉　　○音読
○三択クイズや"○×クイズ"で答えを指さしたり、声に出したりする、ミニテスト、音読、本時のめあては読んで確認……等。
○取り外し可能なミニホワイトボードを用意して、授業の流れを示す……等。
---

3 授業の型を一定にするユニット化

(1)「おかあさんといっしょ」に学ぶ

　朝の時間帯の乳幼児向けテレビ番組の定番に「おかあさんといっしょ」があります。乳幼児はこれを真剣に見ます。その背景には、視覚的・聴覚的な刺激や目や顔がデフォルメされたキャラクターのインパクト等の様々な要因が想定されます。しかし、次の三つが子どもたちの注意を引きつける最も大きな要因であるに違いありません。

> ○番組の型・枠組み・流れが一定している安心感
> ○一つ一つのユニット（歌のコーナーや小話のコーナーが短くテンポ良く展開される）が、乳幼児の注意集中時間に配慮されていて、短くまとまっている。
> ○動と静がうまく組み合わされている。

(2) ユニット化の利点

　流れが一定している安心感は、おそらく、自閉症のある子どもには「ないと困る支援」になります。また、一つのユニットの時間の短さは、おそらく、ADHDのある子どもには「ないと困る支援」になるでしょう。しかし、おそらく、それらは、どの子どもにも「あると便利で・役に立つ支援」になります。

> ○子どもの注意集中時間に配慮することで、子どもが飽きずに取り組める。
> ○ユニットがあると授業の時間的流れが子どもにも分かりやすく、安心できる。
> ○活動に区切りができるため、子どもが気持ちを切り替えやすい。
> ○気持ちが途切れていた子どもでも再度、授業に参加しやすい。
> ○教師も取り組みやすい。

　教科や単元の特色に応じて、様々なユニット化が可能になります。先の榎本の研究（2014）によるとユニット化は多くの子どもたちに支持されましたが、単元後半になると新奇性が薄れ、一部の子どもたちのモチベーション

が下がったことを指摘しています。ユニット化による安心感を維持しながらも、子どもの様子を把握し、時に、新奇性ある展開が求められることも示されています。

授業の進め方を工夫する

（1）肯定的・称賛的である

　一般的に、子どもを称賛することは、学習への意欲を高めると考えられています。しかし、先の柳橋・佐藤（2014）の研究によれば、── もちろん、称賛が意欲向上の要因になっていることが示されましたが ── 必ずしも学級全体の意欲向上には結びつかず、むしろ、意欲低下要因ともなっていることも示されました。

　これは称賛の仕方の違いによると思われます。本研究では、ビデオによる観察を行い、意欲低下要因になった称賛について、次を指摘しています。

> ○児童が何をほめられたか理解できていない。
> ○特定の児童への称賛が多い。
> ○称賛の内容がほぼ同じ。
> ○学習態度への称賛に偏っている。
> ○心がこもっていないようなうわべだけの称賛……等。

　一方、意欲向上に結びついた称賛についても指摘しています。

> ○授業目標に即している称賛である。
> ○子どもができるようになった事実に対応している称賛である。
> ○その児童がほめてほしいと思っていた内容に対応した称賛である……等。

　授業目標を教師が明確に意識して、それに焦点化して子どもを導くために称賛しているかどうか、そして、子どもが何をほめられたのか理解できているかどうかがポイントのようです。

どちらかと言えば、叱られやすいのが配慮を要する子どもたちです。ですから、この子どもたちへの適時適切な称賛は「ないと困る支援」の一つと言えます。しかし、適時適切な称賛は称賛の対象となる子どもだけでなく周りの子どもの意欲をも高めることになる「あると便利で・役に立つ支援」になるのです。

　なお、称賛の具体的な方法については、前著『実践 通常学級ユニバーサルデザインⅠ ── 学級づくりのポイントと問題行動への対応 ── 』（東洋館出版社）に詳しいので、是非、参照してください。

（2）一時一作業の原則

　国公立私立を問わず全ての大学は学生による授業評価を実施しています。筆者が植草学園短期大学に赴任直後の10年前の前期評価の際に象徴的な指摘がありました。100名のうち複数の学生が「板書した後に、すぐに説明を始める」と指摘したのです。つまり、「ノートを書きながら、教師の話を聞くのはしんどい」という指摘でした。言い訳ですが、着任半年でのあせりがあったのでしょう……かなり配慮していた自負がありましたので大変なショックでした。

　率直な指摘をしてくれたことに感謝しつつ、"書きながら、聞いて理解する""読みながら、説明を聞く"……いわゆる一時二作業の困難さを改めて実感しました。一時二作業は私たち大人でも困難を極めます。配慮を要する子どもにはなおの困難さになるでしょう。

　つまり、一時一作業は配慮を要する子どもには「ないと困る支援」になります。しかし、どの子にも「あると便利で・役に立つ支援」になるはずです。

"一時一作業"という原則は、すなわち目標に向けて何をするのかの焦点化である。
○書くときは書くことに集中できるようにする。
○聞くときは聞くことに集中できるようにする。

---

(3) 多様な学習形態の工夫

　通常学級の授業は多くの場合、黒板とその前に教師が立ち、それに向かって机が並ぶ形で進められます。

　学級規模によっては、黒板に向かって半円状にしたり、コの形にしたりすることが可能です。このような場の配置も含めた学習形態の工夫もユニバーサルデザインのポイントの一つになりそうです。

○先に触れた教室の場の配置（机の並べ方）
○授業過程における配置の変更 ── 班の形になる、隣の友達とペアで活動する、黒板の前に集まる……等

　特に、後者は授業中に大きな動きをつくることになりますので、多動性の強い子どもには「ないと困る支援」になりますし、他のどの子どもにとっても動けることで気分転換になりますので「あると便利で・役に立つ支援」になります。

　ただし、この学習形態もこれが最適という普遍的な形があるわけではありません。Ⅳ－②（3）で子どもの本音の思いを把握する必要性を提起しましたが、アンケートをとると意外に ── 教科や単元の特性に左右されることを含みつつ ── 単純説明型の授業（教師が説明して、時々、発問・応答・討論があり、ノートに書く……）が支持されたり、ペアや班での話し合い活動が苦手な子どもが多かったりすることがあります。だからこそ、ペア学習の楽しさを伝えていくことも必要なのですが、決して、"ある学習形態が最適"と単純に割り切れる話ではないのです。

　上記の子どもの指摘は、それまでの経験の度合いや学級づくりの過程で大切にされてきたことの違い等が反映されています。やはり、授業づくりは子どもの声に耳を傾けながら進めたいものです。

（4）机間指導と姿勢の点検

　電車やバスの中で文字を書くと乱れるのはなぜでしょうか？　机は当然あ

りませんし、膝の上でメモを走らせるでしょうから、車体が揺れれば、当然のように文字は乱れます。紙やノートが固定されない状況や腕がきちんと支持されない……つまり、姿勢が保持されないと文字は乱れます。うまく書けなければ書く意欲も低下します。

　配慮を要する子どもたちの中には緊張感を維持したり、姿勢を保持したりが苦手で、本人の意思とは関係なく、姿勢が崩れ、気持ちが離れていることがあります。姿勢の乱れは書く気持ちの乱れにつながっているのです。

　つまり、一定の緊張感の維持や姿勢を正すことは、この子どもたちには「ないと困る支援」です。しかし、それは他のどの子どもにとっても「あると便利で・役に立つ支援」になるでしょう。

> ○机間指導で子どもたちの緊張感を維持したり、頑張りに気づいたり、苦戦に気づいたり、姿勢の乱れに気づいたりすることで、必要に応じた個別的な支援を行う。
> ○授業の合間に「リフレッシュタイム」等を設定して、姿勢の点検を行う。

（5）学習時差に対応する

　これは授業づくりの永遠の課題でもあります。子どもが30人いれば、本来は30人なりの学習スピードがあります。これに完ぺきに対応しきるのは不可能です。子どももどこかで割り切って、区切りを付けて、後で復習して確認したり、次の時間の学習で理解したりすることで、次のステージへと進みます。もちろん、これが積み重なれば、どこかでつまずくことにもなります。

　一方で、学習塾に通っている子どもや理解の早い子どもにとっては、手持ちぶさたになり、逆に、学習への集中を欠いたり、友達へのちょっかい等の行動になってしまったりということも考えられます。

　そのため、この学習時差への対応は十分に検討する必要があります。以下は、いくつかの実践事例です。

```
○作業課題の最中に、机間指導をしながら、個別的に対応する。
  →しかし、個別的に対応する子どもが2、3人もいれば、一人の教師では、
    対応が困難になる。
  →早い子ども（どの子どもでも）が活用可能なプリントコーナーを用意し、
    早く終わった子どもはそのプリントに自主的に取り組める状況設定をする。
○手助けが必要な子どもには、ヒントコーナーを用意する。
○集団解決を図る時間を用意する＝ペアやグループで検討する。
  →問題解決の時間を二分割し、前半を個別解決、後半を集団解決の時間と
    して、集団解決の時間には、お互いに教え合うようにする。
```

（6）子どもが教師を見る・教師が子どもを見る

　教師の前についたてを置く、あるいは、能面のように無表情なお面を付けて授業を進める様を想像してみてください。あるいは、講演会で、同様の状況だったらどうなるでしょう。おそらく、子どもたち（私たち）の集中力はそう長くは続かないでしょう。前に立つ人の表情や全身のオーラからたくさんの情報を得ていること、そして、それ自体が、相手の集中力を高める機能を果たしていることが分かります。

　子どもは授業中の教師の話に集中しているときには、教師を見ます。子どもは教師の視線や表情、教師の全身から様々なメッセージを読み取ろうとします。教師も子どもの集中力を維持するために、その視線をしっかりとつかみながら進めます。これは共有化された、いい授業の空気です。このような教室の空気は、注意集中力に弱さのある子どもには「ないと困る支援」になります。しかし、どの子どもにとっても「あると便利で・役に立つ支援」になります。教師の視線・表情の大切さが分かります。

```
○一定の緊張感を高める　○視線や表情でメッセージを伝える
○子どもの頑張りを評価する　○困っている様子を察知する
○見守っているメッセージを送る……等。
```

5 まとめの工夫

　全ての先生が抱える悩みだと思うのですが、時間ピタリと授業を終了できる達人はそう多くはありません。

　たくさんの授業を参観してきましたが、どうしても"まとめ（目標に即したポイントの確認）"が —— 時間に追われて —— おろそかになりがちです。しかし、めあて（目標）を掲げて、それに向けて焦点化して展開するからには、そこに到達したことの確認は必須の作業になります。

　まとめについては、様々な対応の工夫がなされていますが —— 子どもの立場で考えれば、"チャイムと同時に終了する"ことを前提に —— 一つだけ検討したいことを確認したいと思います。

> その授業のめあて（目標）に立ち返り、まとめ（ポイント）を板書して、全員で読んで確認する。

　まとめ（ポイント）を教師が板書して、教師だけが読み上げて（時には、教師も読まずに）、ノートテイクを促す授業を多く見かけます。しかし、これでは、書くのが遅い子どもは書いただけで授業が終わってしまいます。読むことによって書く速度が早まる子どもたち（＝唱えて覚えて書くことが得意な子どもたち）がいますので、読むことはその子どもたちに「ないと困る支援」になるのです。しかし、どの子どもたちにとっても、ポイントを読むことは、読んで確認する意味に止まらず、全員でやり遂げた達成感を味わう機会となり、「あると便利で・役に立つ支援」になるのです。

> ○授業のまとめ（ポイント）を読んで確認することは
> 　→書くのが遅い子どもたちには「ないと困る支援」になり
> 　→どの子どもにとっても、まとめを確認し、目標にたどり着いた達成感を全員で共有化することになる「あると便利で・役に立つ支援」になる。

授業目標に向けた登山を終えた子どもたちの目の前には新たな視野が開けています。その頂（目標）に共にたどり着いたという達成感を全員で共有化して授業を終わる＝手応えを分かち合うこともとても大切なことです。それが次時の授業への意気込みに結びつくのです。

保護者との連携 ユニバーサルデザイン編

I

ユニバーサルデザインの発想で保護者との連携

1 担任が抱える悩み

「すでに医学的な診断がある子どもの場合は保護者と話しやすいが、気になる子どもの場合は保護者と話しづらい、何かの支援をしようにも受け入れてもらえない……」── よく耳にする保護者との連携に関する課題です。

> ①気になる子どもの保護者にどう伝えるのか……伝え方が分からない。
> ②保護者に伝えたが納得してくれない。逆に、学校の指導について不満を言われた。
> ③子どもの学校での様子に理解を示すものの、「いずれは追いつく」「学校で厳しくしてほしい」「家では落ち着いている」……等、協力的ではない。
> ④保護者がうまく子どもとかかわれない……、保護者の子育てへの自尊感情が低下している。
> ⑤仕事や下の子どもの育児で多忙感があり、子どもとかかわる時間そのものが少なく、結果的に放任の状態になっている。
> ⑥家庭で厳しいしつけをしており、「学校は甘い」と指摘された……等。

仮に、読者にお子さんがいて、「お宅のお子さんは気になります」と言われて気持ちのいい方はいないでしょう。「うちの子のどこが特別なんですか！」と言ってこその"親の・最も親らしい・親の在り方"なのです。そのことをまず確認しておきたいと思います。

困っているのは子ども本人です。学校と家庭が協力してこそ、子どもは本来の力を発揮できるはずです。

本章では、改めて、保護者の思いや置かれている状況に思いを寄せながら、どのように連携・支援していくのかを考えてみたいと思います。

2 保護者との連携でユニバーサルデザインとは？

読者にお子さんがいたとします。家の中で、お子さんが学校での様子や担

任の先生のことをうれしそうに話すとしたら、親としてもうれしいはずです。仮に、直接話さないまでも、充実している様子は伝わりますから、安心感が高まります。「あの担任の先生の話ならば、聞いてみよう」と思えるはずです。

> 子どもの充実した様子が保護者と学校・担任との信頼関係の糸口

　つまり、よりよい学級経営が保護者との連携の基盤です。子どもと担任の信頼関係があってこそ、保護者との信頼関係も確かなものになるのです。
　気になると言われる子どもの保護者が担任と話しやすい学級にあっては、おそらく、どの保護者も担任と話しやすい雰囲気になっているはずです。子どもと保護者と担任のトライアングルが温かな音色を奏でているはずです。

> 気になる子どもの保護者に「ないと困る支援」は、他のどの保護者にとっても「あると便利で・ありがたい支援」になっている。

当面の目標 ── 不適切なしつけを避ける！

　筆者の経験上、最も避けなければいけないのは ── ネガティブな言い方になるのですが ── 以下になります。

> 親を孤立させ・不適切なしつけに追い込まない！

　これに尽きます。保護者を追い込んでしまえば、必ず、しつけで対応しようとします。これは必然です。
　すでに診断を受けた子どもをもつ母親に対するアンケートがかなり実施されています。そこでは、多くの母親が"子どもが3歳までには気づきがあった"と回答しています。

> 母親は最も早く気づき・最も早く悩む

　気づいているからこそ、我が子の学校での苦戦の様子を聞き知れば、しつ

けで何とかしようとするのです。

　低学年期は力で押さえることもできるでしょう。しかし、高学年になれば、確実に力関係は逆転します。結果として、家庭内が混乱していく事例を — 筆者の力不足を恥じつつ — いくつか目にしてきました。その子どもも力で解決することを学んでいくのです。子どもの育ち（特に、乳幼児・児童期）における保護者の影響力は計り知れません。

> 〈改めて、しつけとは？〉
> ○様々なルールが社会に存在することを理解すること
> ○実際の生活場面で、それに気づき・判断し、行動を遂行したり抑制したりすること
> ○様々な欲求や衝動を社会的に承認される形で表現したり、満たしたりする方法を内在化すること

　仮に、力で押さえつけるしつけをすれば、外的な力で行動調整するだけで、結果として、自己コントロール力は育まれないことになります。不適切なしつけを避けて、学校と家庭で子どもの確かな行動調整力を育んでいきたいのです。

保護者支援の連続性

　前書『実践 通常学級ユニバーサルデザインⅠ — 学級づくりのポイントと問題行動への対応 — 』（東洋館出版社）でも本書でも強調してきたとおり、子どもに関しての"引き継ぎ"は必須です。しかし、保護者についてはあまり聞きません。

> 気になる子どもの保護者支援に関しても、引き継ぎ＝支援の連続性が欠かせない。

　担任は1年一区切りの仕事ですから、当然、交代があり得ます。しかし、

子どもも保護者も連続した存在ですから、支援にも連続性が求められるのです。新担任が、前年度もその保護者と前担任が話した内容について ── それを全く把握しないまま ── 同じことを聞くとすれば、「去年もお話ししましたよ」と保護者は嫌気がさすでしょう。

気になる子どもの保護者はやはり肩に力が入っています。先生と話すと肩の荷が下りるという体験が大切なのです。

> 先生と話をすることは悪くない！

仮に、その子どもが行動上の課題を抱えるならば、担任としてあせる気持ちはあります。しかし、最低限の目標は"先生と話をすることは悪くない"と保護者がまず思えること ── そのためには、支援の連続性を強めること、そして、学校・担任への信頼感を高めることが何より大切なのです。

⑤ いい連携ができた事例に学ぶ

気になる子どもの保護者といい連携ができている場合、その背景にはどのような要因があるのでしょうか。それを考えることは学級経営を考える上でも意義深いと思われます。

> ○子どもが大好きな先生・学級である
> ○話しやすい
> ○説明してくれる
> ○対応が明確
> ○子どもの声をよく聞いている
> ○子どものことをよく知っている
> ○診断のある子どもも生き生きと過ごしている
> ○保護者の話をよく聞く
> ○親の子育ての苦労に共感している
> ○子どものよさを伝えている……等

かなり理想的な学級像が思い浮かびます。しかし、我々が行う日頃の地道な学級経営そのものとも言えます。つまり、気になる子どもの保護者に「ないと困る支援」であり、他のどの子どもの保護者にも「あると便利で・役に立つ支援」を増やすというユニバーサルデザインそのものになっていることが理解できます。

以下では、それをさらに具体的に検討したいと思います。

6 保護者が本音で話せるとき

(1) いい姿の実現

一般的には、子どもの状態がよくないときに、保護者はやむなく"特別な支援"を受け入れるように思われます。確かに、そのような事実はあります。しかし、その場合の保護者の理解は必ずしも十分ではないことが多いようです。

典型的な例が、高等学校に入学した段階で、"入試を経たのだから大丈夫"と高等学校担任に伝えずに、結果的に、混乱を招いてしまうケースです。

子どもの状態がよくないときは、保護者自身も精神的に追い詰められており、子どもの将来のことを冷静に考えられないのです。ですから、本音で納得しているかと言えば、そうなってはいないのです。

くり返しますが、多くの場合、保護者に気づきはあります。学校でいい姿を実現して、「学校はここまでやってくれる！」と思えるからこそ、本音を語れるのではないでしょうか。

> 保護者が思い悩みながらも、本気で子どもをかわいいと思えるとき、子どもといるときが楽しいとき、子どものことを前向きに考えることができる。

そんなときこそ、少し気持ちに余裕をもって、少し冷静に、客観的に子どもの今と将来を考えることができるのです。子どものことがよく見えてくる

のです。「学校・先生のおかげでこんなことができるようになった」と保護者が子どもの成長を感じるとき、子育ての真のパートナーになれるのだと思うのです。

(2) 学校・教師の真剣さを伝える

「先生は『この子がいると迷惑だ！』と思っている」と仮に保護者が感じているとするならば、おそらく、本音の話はできないでしょう。保護者は自分の子どもを先生はかわいいと思ってくれているかどうかを敏感に察知します。

> ○先生は自分の子どもをちゃんと見守ってくれている。
> ○あの先生ならば自分の子どもを託すことができる。

このような実感を保護者が抱けるか否か —— それは保護者が半歩前に踏み出せるかどうかの分かれ道だと思うのです。子どもにとっての"最善の利益"を真剣に伝えることが何よりも大切です。

(3) 事実の共有が必要なとき

子どもが混乱している状態を伝えつつも、それを保護者に見せつけるかのような対応は決して教育的とは言えません。しかし、事実の共有は必要です。

ギリギリまで努力はします。しかし、実際には、見て確認してもらうしかない場合もあります。筆者も「家庭ではそんなこと（じっとしていられないこと）はない。学校が甘いからだ」という譲らない保護者に「本当に申し訳ありませんが、隠れて様子を見てください」とお願いしたことがあります。

後で分かったことですが、保育所の先生からも厳しく指摘されたことがあり、家庭でも気になることが多々あったのです。でも、親はやはり子どもに期待する存在なのです。最後に自分を納得する材料が必要なときもあるのです。

先に触れたように多くの場合、保護者は気づいています。まずは、いい支援を実現し、「この先生ならば本音を言える。相談できる」と思える状況を実現したいのです。

II

改めて、「障害」を受容するとは?

自分がその子どもの保護者だったら……

　障害受容という言葉があります。筆者の娘は知的障害があるのですが、親の立場では、極めて、第三者的な専門用語だと思っています。障害の告知とは、いわば、"長い人生にあってわずか数回しか体験できない出産という苦労や喜びを経て、期待・喜び・希望に満ちた人生のシナリオが狂う瞬間"なのです。想像すらできない重荷を抱えているかもしれない子どもの現在と全く先の見えない子どもの将来に自分の人生が折り重なるのです。

　仮に、読者にお子さんがいて、「お宅のお子さんは○○という障害をもっています……」と言われたらどう思うでしょうか。容易に受け止めることはできない事実を突きつけられることになるのです。障害を望んで子どもを産む親はいません。障害を負うことを望んで産まれる子どももいません。まして、発達障害は非常に分かりにくい障害ですから、親は容易には受け止めることはできないのです。

　もちろん、診断はドクターの専権事項ですから、私たちからはそれを一切口にはできません。しかし、気になる子どもの保護者に伝えるということは、それにつらなる行為になるということです。

> 「自分がその子どもの保護者だったら……」

　この想像力を抜きに、気になる子どもの保護者との連携はできません。

 ゴールではなくスタートライン

（1）受け入れがたい「困難な生」

　一人の人間にとって、人生の中でどうしても受け入れがたい出来事はあり得ます。そこには否定や戸惑い、葛藤や苦しみ、悲しみ……「あり得ない」「まさか」という事実……。自ら産んだ子どもの障害を受け止めるというこ

とは、その親となり育てるという極めて分かりにくく、不安な・見通しのもてない"困難な生"の受け止めが求められます。今、そして、将来にわたって想像することさえできない困難さであるに違いありません。

"特別な支援を受け入れない！"というのは、その意味で、最も、親らしい姿と言えるのです。

（２）"診断は一時の救い・一生の不安"

10年以上前、筆者は小学校に勤務していました。気になる子どもの保護者が、例えば、相談センターに行くことを納得してくれるとホッとする自分がいました。一つのゴールに辿り着く自分です。しかし、逆に、保護者の立場ではどうでしょう……。行き着くゴールもたどるべきコースも全く不明なスタートラインに立つ感覚なのではないでしょうか。何が何だかかいもく見当がつかない、迷子の子どものように途方に暮れる感覚ではないでしょうか。

かつて、"診断は救い"と言われました。「我が子が落ち着かないのは自分の子育ての責任ではなかった……」と保護者が救われるというのです。その通りです。しかし、筆者は次のように言います。

> "診断は一時の救い・一生の不安" ── 親はゴールの見えないスタートラインに立っている！

（３）相談機関任せにしない！

相談機関や医療機関に通うということは、当然、保護者が付き添うことになるのです。そのような物理的な負担に加えて、精神的にも、「どんな困難が、いつまで続くのだろう……」という終わりの見えない不安感を抱えることになるでしょう。相談機関から、医療機関を紹介され、さらに告知を受けるとなれば、様々な葛藤や（受け止めたくない）思い、そして、「これまでどうして分かってあげられなかったのだろう……」という自責の念も抱えることになるでしょう。

> 相談機関や医療機関に通い始めてからの支援が大切！

　学校・担任は保護者が相談機関に通い始めると、安心してしまいます。むしろ、大切なことは、この先の連携支援なのです。相談機関や医療機関と保護者、そして、学校との連携なのです。保護者の決断と覚悟を責任をもって受け止める姿勢です。そのためには、より一層いい支援を実現する必要があるのです。それが学校としての責任です。ゴールの見えないスタートラインに立つ保護者に、少しでも進むべき道を示し、「これでよかった」と思える事実をつくり出す必要があるのです。

（4）校内委員会での確認と引き継ぎ

　近年、多く耳にするケースは、学校や元担任が苦労しながらも保護者を支え導いて、相談機関や医療機関に通い始めても、その後の学校側のフォローがないために、保護者はいつのまにか行かなくなっているというケースです。これは絶対に避ける必要があります。「相談機関に行ったのに、その後、学校は何もしてくれない」と思えば、保護者は落胆するでしょう。

　学校の組織的な対応、すなわち、校内委員会で確認し、丁寧に引き継ぐ支援の連続性が強く求められています。

 ## 障害受容に終わりはない

　先に触れたように、筆者は一貫して「受容」という言葉には否定的です。どうも納得がいきません。娘は26歳になりますが、人生の節々で様々な戸惑いや不安と背中合わせの決断を迫られる時期があるのです。

> ○子どもの発達に不安・戸惑いを抱いていた時期
> ○障害を告知されたとき
> ○幼稚園・保育所の代わりに通える場所をさがしていた時期

> ○就学時健診をはじめとした小学校（特別支援学校）入学時期
> ○進学や進級の時期
> ○学校教育を終了する前、就労への不安
> ○就労後の不安、通勤への不安、離職の不安……そして、今は……娘や親の高齢化……等

　不安も戸惑いも尽きません……。"受容"とは何を受け止めることなのでしょうか。

　もちろん、筆者もそして娘も（うまく語れませんから親の一方的な思いかもしれませんが）不幸ではありません。幸せです。しかし、未だに、娘に障害がなければお互いにどんな人生だったろう、娘にももっと楽しい生活があったかもしれないと思うのです。孫を抱いていたろうに……とも思います。それが正直な気持ちです。今後は親の高齢化にともなって一体、どんな生活ができるのだろうと思うと不安になります。

　「障害を負ったことは、不運であったし、不便なことではある。しかし、私は不幸ではない」（乙武洋匡．"植草学園短期大学・講演会2010.2"）という言葉にどれだけ励まされたでしょう。

　インクルーシブ教育システムの時代です。共生社会を目指す時代です。通常学級担任の先生方にも"障害""障害受容"ということについて、改めて、考えて頂ければと思うのです。

Ⅲ

保護者が置かれている状況を理解する

筆者がかかわってきた事例や学校研究等から学んできた知見を基に、『通常学級の特別支援 ── 今日からできる！40の提案 ── 』『通常学級の特別支援セカンドステージ ── 6つの提言と実践のアイデア50 ── 』（いずれも日本文化科学社）、『特別支援学校 特別支援学級 担任ガイドブック ── 知的障害教育100の実践ポイント ── 』（東洋館出版社）に記した内容を整理してみたいと思います。

保護者の心理的な状況

（1）「いずれ追いつく……」

　第一子の場合で、しかも、乳幼児健診などでも指摘を受けていない場合は、多少の苦労があるにせよ、「子育てはこのようなもの……」と受け止めていることがあります。また、仮に、指摘を受けていても、「いずれは追いつく」とスルーしているケースもあります。いずれも、親としては当然の思いです。

（2）育てにくさ感

　家庭で困るほどの問題はないものの、第一子と比べて"育てにくさ"を感じていたり、成長の遅さやアンバランスさに困惑していたりします。積極的には相談しないものの、不安は感じており、何らかの相談のきっかけを待っていることがあります。

（3）自分は必要とされていない……

　乳幼児期から何らかの違和感を感じていて子どもとの適切な愛着関係が形成されず、「子どもが自分になつかない……、働きかけへの反応が弱い……、子どもからのサインが弱く、読みにくい……」ことに戸惑いを感じているケースです。「自分が母として必要とされていない」ような感覚を抱き、「私はダメ親ですから……」と子育てへの苦手意識が強くなり、自尊感情がとても低下しています。場合によっては、うつ的になっていたり、子どもに対して憎しみにも似た感情を抱いてしまったりすることもあります。何らかの支え

が絶対に必要なケースです。

(4)「何度言ったら分かるの！」

子どもの家庭内での問題行動に関するストレスをすでに抱えていて、学校には相談しないものの、家庭内で保護者が大変困っている場合があります。低学年は力で対応できても、高学年なってからはそうはいきません。父親がいれば何とかできるものの、家庭での対応に苦慮していることもあります。このケースも何らかの支えが絶対に必要なケースです。

(5) やはり納得がいかない！

これもすでに触れましたが、担任が替わる、進学する等に際して、(いったん、支援や診断を受け入れていたものの)「治った」「もう必要ない」と考えてしまうケースです。これは、学校(間)のシステムの問題です。相談機関等に行く際には、できれば、「個別の指導計画」を立案し(立案しない場合も)、校内委員会として引き継ぐ、つまり、システムとしての対応が強く求められています。

> 特別な支援を受けたからこそ、丁寧で連続的な支援を大切にする！

(6) 将来への不安感が強い

担任よりも発達障害に関する知識も豊富で、特別支援教育を受けるメリットやデメリットをとてもよく考えています。その分、将来に関する不安が大きく、学校における支援にも不満や不安を抱いており、学校との相談に気が向かない場合もあります。保護者がかかわっている第三者の支援機関との連携が大切になります。

保護者の生活の状況

(1) 経済的な状況

現在、厳しい経済状況ですから、両親が(片親の場合も)、夜遅くまで働

かざるを得ず、子どもとかかわりたくても思うようにできないでストレスを抱えたり、子どもは朝ご飯も十分とれないということもあったりします。金銭面での制約も大きなストレスになるでしょう。経済的な困窮の度合いが高まれば、不適切な子育てに結びつくリスクも高まります。

関連しての居住環境も、仮に、小さなアパートで子どもがパニックを起こせば、親子はものすごいストレスを抱えることになります。福祉関係部署との連携も視野に、校内外支援体制を検討する必要があるケースです。

（2）家族・地域関係
①親族の理解不足に関する悩み

母親に何らかの気づきはあっても、父親から「俺も小さい頃は同じだった。気にするな」と強く言われ、母親が板挟みになるケースがあります。祖父母からは暗に「育て方が悪い」との指摘を受けることも……。

②兄弟姉妹に関する悩み

また、兄弟姉妹に関する悩みも多くあります。小さい妹や弟がいて育児に忙しかったり、姉や兄の進学・進路等の悩みが多かったりして、その子どもの学校での情報に十分に気持ちを向けきれずにいることもあります。

さらに、兄弟姉妹に多くの我慢を強いていることもあります。実際の生活場面でも、心理的にもです。通級指導や特別支援学級のことを考えたくても、「お兄ちゃんは○○教室に行ってる……」と兄弟姉妹がからかわれないかと考えると……と悩む保護者がいても不思議ではないでしょう。もちろん、このようなケースは全校的な障害理解教育と交流及び共同学習の充実が求められます。そして、正に、共生社会に向けた学校全体の現実的・実際的な取組が求められていると言えます。

③地域での孤立感

さらに、幼児期から友達への暴力や友達とのかかわりにくさがある場合、"子育てがへた"、"愛情不足"等の陰口を保護者が言われていることもあります。近所に相談できる子育て仲間ができるどころか、むしろ逆に、誤解され、孤

立し、傷ついていることもあります。

> "本音で相談できる相手がいない"という孤立感

(3) 保護者の価値観・仕事が優先される

　共働きであり、両親ともに仕事に打ち込んでいる場合に多くあります。家庭内で気になることはあっても、担任との面談そのものや教育センターに出向く等の現実的な負担感がとても大きいというケースです。相談のきっかけを得られず、どうしても一歩踏み出せないでいることが多いのです。

　保護者も自己実現を求める存在です。それとの折り合いがつかず、苦慮しているのです。何のために、何を、どうするのか……具体的な道筋を明確に示してあげる必要があります。

連携の状況

　これはとても大切なことです。すでに支援を受けている場合は、○相談機関　○医療機関　○民間の発達支援塾　○福祉サービス　○個別の教育支援計画の有無　○相談支援ファイルやサポートファイルの有無（＊これについては後ほど触れます）……等の実質的な連携先を確認する必要があります。

　関係機関にアドバイスを受けたり、学校の様子を伝えたり、よりよい支援のために積極的に活用したいものです。

子育て力の個人差もある

　以上のように、保護者が置かれているかもしれない状況に触れてきました。もちろん、これだけでは、何の解決にもならないのですが、面談に際しては、上記のようなことも想定しつつ丁寧に進めたいものです。

　子育てと一口でくくってしまいますが、そこには、愛情を中心とした様々

なきめ細かな配慮や実行能力が求められています。当然のことながら、その子育てで求められる幅広い能力には個人差があると考えましょう。ある人にはできても、別な人にはできないことがたくさんあるのです。子育てに求められる様々な行為に関しては、もちろんそれぞれに得意・不得意もあるでしょう。そして、子どもが抱えている困難さの度合いによっては、ここで触れてきたような様々な要因が複雑に絡み合い保護者は大変なストレスにさらされることになります。虐待を含む不適切な子育てにいたるリスクが高まることも考えられます。

　子どもと保護者が一緒にいて心地よい関係になるように、少しでも前向きになれるように、具体的で・実際的な支援が求められています。

⑤ 教師が独りで抱えない

　以上、触れたことは当然、学校だけでは抱えることのできない領域もあります。巡回相談員、スクールソーシャルワーカー、児童相談所等の関係機関との連携を図る必要があります。

　その限界をわきまえて支援しないと、担任が心理的に巻き込まれて身動きできなくなることがあります。他にもたくさんの子どもたちが学級にはいますから、常に、特別支援教育コーディネーターや管理職と連絡を取り合い、情報共有をしながら進めてください。

IV

保護者支援・連携の目的と支援のポイント

① 保護者との連携の目的・意義

保護者との連携がなぜ大切なのか —— 改めて、その目的・意義を確認しておきます。

> 〈トライアングル効果〉
> 　保護者も学校も含めて周りが元気になれば、子どもも元気になる。あたかもトライアングルのような相乗効果を期待する。そのためには、
> ①保護者が「この子を産んでよかった！　ここまで育ててきて良かった！」と本音で思えること
> ②保護者が「こうすればいいんだ」という具体的な手立てを得ること。結果として、うまくいく手応えが子育てをさらに前向きにする。

② 学校全体でできる保護者との連携ユニバーサルデザイン

（1）入学前に目を向けた体制づくり

①目的は何か？

入学前に様々な連携を図る目的は何かと言えば、それは、以下です。

> ○適切な学級編制をすること。
> ○学級経営・授業ユニバーサルデザインを機能させること。

特に、学級編制は大切です。これらは、引き継ぎ情報がなければできません。どのようなルートで、どのように子どもの様子を確認していくのか、初めが肝心ですから、入学前に目を向けた連携はとても大切になります。

②連携のチャンネルをコーディネートする

幼保小連携、小中連携……様々な連携が言われますが、幼保小連携についてここでは取り上げてみたいと思います。まずはどのような連携のチャンネルがあるのか確認します。

○ "フェイス・トゥー・フェイス" のつながり ── 地域によって様々だが、定期的な公開授業・保育への招待、管理職・職員同士の交流。
○ 管理職・教務主任を中心とした3学期中の定例的な引き継ぎ
○ 幼保小連携協議会 ── これも地域によって様々だが、気になる子どもを含めた大きな連携の鍵になる。
○ 就学時健診 ── 小学校側にとっては、入学予定の全ての子どもと実際に関わることのできる大切な機会となる。
　→健診に際しては、事前事後に幼保と連絡を取り合う。
　→簡便なチェックリストを用意して、子どもの様子を把握する。
　→保護者向けに、気になる子どもの支援に関する講演会を企画する……等。
○ 年長児体験授業の取組や小学校1・2年生との交流会
○ 三学期の入学前に年長児を対象にした学校探検週間の設定
○ 教育センターや就学支援委員会からの相談記録……等。

　このように考えると、すでに存在しているチャンネルの数は多いのです。年中行事……として流してしまうことのないように、これらの情報を集約しコーディネートする学校の体制づくりが鍵を握ります。
　少なくとも、すでに医学的な診断がある子どもの保護者については、入学前からの連携が求められます。特別支援教育コーディネーターを中心とした引き継ぎの体制づくりが求められます。

③就学時健診から学級編制まで
ａ－診断がある子どもの場合
　この子どもたちの引き継ぎは必須です。中学校でも高等学校でも同様です。すでに触れましたが、保護者は決意と覚悟をもって診断を受け止めています。「それでよかった」と思えるような入学式とスタートにするために万全の体制を整える必要があります。
ｂ－気になる子どもの場合
　先に触れた、様々なチャンネルを通して、気になる子どもの様子を学校も少しは把握することができます。

この先は幼保と小学校との信頼関係、幼保の中での保護者との信頼関係が鍵を握ります。学校側は何らかの形で、気になる子どもの保護者と面談する機会を得て、幼保からも改めて情報提供を受けて、学級を編制する必要があります。

④学級編制から入学式まで

a －学校探検週間の設定

　これは三学期に行う場合もあれば、4月1日から入学式前日まで行う場合もあります。どの子どもも対象です。校内やグラウンドを歩いてみる……それだけの試みですが、親子に大きな安心感を与えることになるでしょう。特に、診断がある子ども、気になる子どもとその保護者にとっては、心強いはずです。学校への信頼感を高める糸口になります。

b －入学式前日オリエンテーション

　前日の夕方に実施します。体育館に椅子が並び、本番の環境が整っています。つまり、本番に近い雰囲気の中で、当日の流れを確認するのです。診断を受けるということは、この程度のメリットはあってむしろ当然です。

> 「入学とは、お化け屋敷に入るようなものだった」（当事者の回想）

　言い得て正に妙と言える喩えです。入学式当日に、その雰囲気に飲まれていきなりパニックを起こしてしまい嫌な気持ちでスタートするよりは、事前に対応する方がよほどいいのです。最善の支援を尽くして、いいスタートを切ること ── これが診断を受け止めた保護者に対する最初の責任だろうと思います。

　ちなみに、この入学式前日オリエンテーションは高等学校でもすでに展開されています。関係者で幅広く周知・展開して頂きたいと思います。

c －相談支援ファイル（サポートファイル）の確認

　現在は、全国各地で「サポートファイル」「相談支援ファイル」「ライフサポートファイル」等の名称で、診断のある子どもの保護者がファイルを保管

しているケースが多くあります。ちなみに、千葉県では平成26年の段階で、約60％の市町村が備えています。

　このファイルは、教育委員会が主体になっている場合と福祉部署が主体になっている場合とがあります。これは、いわゆる「個別の教育支援計画」の一つです。多くの場合が、医学的な診断を受けた保護者に対して、（教育委員会や福祉部署から）手渡されます。そして、教育センターや保健センター等で何らかの相談を受けた場合には、その記録をファイリングしていく形式になっています。これは、"保護者が保管している公的な引き継ぎ書"の役割を果たします。

　逆に言えば、通常学級担任や特別支援教育コーディネーターが、保護者が"公的な引き継ぎ書"を持参していることを知らず入学を迎えるならば、かなり失礼なことになります。その時点で信頼関係を損ねることになりかねないのです。これは保育現場と学校現場が共有することを前提にしているファイルです。

　ですから、保護者が持っているならば、むしろ、入学前に「4月からの指導に生かしたいので、拝見させてください」と伝えることのできる体制を整える必要があるのです。

（2）入学後にすること

　特別支援教育、特に、保護者との連携がうまく展開している学校の事例を集約すると、次の三つの原則が機能しているようです。

第一の原則 ── 学校長が宣言する原則

　「全ての子どもに良い点、そして、課題となる点がある。全ての保護者に学校として、それをはっきりと伝える。当然耳の痛いこともあるが聴いて頂きたい」「良い点を伸ばし、課題となる点を乗り越えるための手立ては共に考えたい」

　→これを学校長が就学時健診、入学当初の保護者会で伝える。そして、担任としても学年や学級で一貫して伝える。

第二の原則 — 相談窓口の見える化

「学校だより」に定期的に相談関係のコーナーを用意する。学年・学級だよりにも同様に。常に、"開かれている"ことを伝える。誰に相談したら良いかを伝える。参観・相談週間があることなども伝える。

第三の原則 — 目に見える支援の原則

例 — ある学校の運動会本番で子どもがグラウンドでパニックを起こしてしまい、多くの保護者が目にすることになった。その後、子どもは通級指導教室に通うことになり、大きく成長を遂げた。そして、翌年の運動会では保護者の間で前年度パニックになった子どものことが密かに話題になった……「あの子はどうしたの……」と。教師集団が様々な応援をしたこと、通級指導教室という教室があること、そこに通うようになってから大変落ち着いて取り組んでいること……等の事実を知り多くの保護者が驚いたという。

この事例は、支援を受けることで子どもが変わる事実を示した点で大変な説得力をもっていた。全校で総力をあげて支援すれば、子どもは変わる！このような目に見える事実は、気になる子どもの保護者にも必ず伝わる。支援を受けるメリットを誰もが実感できることが大切なのだ。

なお、在校生の引き継ぎについては、前書と第Ⅳ章で触れた通りです。

③ 入学後に担任ができる 保護者との連携ユニバーサルデザイン

（1）学級経営・授業づくりを通してこそ

前書『実践 通常学級ユニバーサルデザインⅠ — 学級づくりのポイントと問題行動への対応 —』（東洋館出版社）や本章の冒頭のⅠの1～6で触れたような学級経営が保護者との連携の基盤になります。

日々の学級経営・授業づくりのよさが結果として、保護者の心に響いていくのだと思うのです。私たち担任は、保護者と毎日会って話をするわけではありませんので、それこそが担任にできる、否、担任にしかできない保護者との連携の礎を形づくるのです。

以下に触れる個別面談がうまくいくかどうかの鍵も、日々の取組の延長線

上にあると考えています。

（2）個別面談の心構えと進め方 "4つのC"

"Counseling Mind Communication Choice Corporation" という "4つのC" を個別面談の心構えにしたいと思います。

①カウンセリング・マインド（Counseling Mind）

a－傾聴愛（リスニングラブ）

「親を指導する」という言葉が未だに学校現場に残っているようです。確かに、モンスターペアレントという表現に象徴されるように理不尽な要求をする保護者がいるのは事実です。しかし、どのような事情があるにせよ私たち教師は親に代わることはできません。虐待の事実等があれば適切な対応こそすれ、「親を指導する」とはいかにもおごり高ぶった不適切極まりない表現です。すでに触れてきたように、まずはその置かれている状況に思いをはせるところから始めたいものです。

傾聴愛というステキな言葉があります。時間が許す限りという制約はありますが、まずは聴きましょう。「話してスッキリした」「聴いてもらってスッキリした」という言い方を私たちも使いますが、とりあえず話すだけで、気持ちは整うものです。

> 自分の気持ちや思いを話すと心が落ち着き、逆に、相手の話を聴くスタートラインに立てる。

人は思っていることをひとしきり話してしまうといったんそれに満足します。ここでようやく"相手の話を聴く"スタートラインに立てるのです。聴いてもらえる心地よさが、相手の話を聴くことに結びつくのです。

b－"納得"の姿勢 ── 北風と太陽 ──

面談を進める際に、私たち教師の側に「「説得したい」「納得してほしい」という気持ちが強すぎれば、その思いは必ず保護者に伝わるでしょう。"説得" "納得"のあせる気持ちは結果として遠回りの道を選択することになります。

北風と太陽の喩えにあるように、保護者が様々な不安や戸惑いの気持ちが詰まった重いコートを脱げるようにするためには、"説得"し、"納得"してもらう前に、保護者の置かれている状況を教師が"納得"する姿勢が何よりも大切だと思うのです。

ｃ－共感の"あいうえお"

　仮に、学級の保護者全員を対象にした定期的な面談であっても、まして、"急な呼び出し"ならば、保護者は「一体、何を言われるのか？」……と"構え"もあるでしょう。「お忙しい中、今日は来てくれてありがとうございます」「お疲れ様です」── まず大切にしたい言葉です。来てくれた保護者への労いは欠かせません。

〈共感の"あいうえお"〉
○あいづちを打ちながら聴く
○（こちらは）いいすぎずに話す
○うなずきながら聴く
○（時に）えがおで・真剣に、えんりょしないでと言いながら
○おだやかに聴く

　結果として、「また、来て相談してみたい！」と保護者が思って面談を終了することができれば、その面談は大成功だったと言えるのではないでしょうか。

②コミュニケーション（Communication）

ａ－情報交換・情報共有

　まずは、子どもの頑張りからさりげなく話題にしましょう。いきなり、「佐藤くんは～で苦戦しています」という話になれば、保護者はますます"構える"でしょう。突然の強い北風にあおられれば、コートの襟を立て、身体をさらに固くするでしょう。

　教師がその子どもの頑張りを語りながらも、むしろ、保護者の方から「実は、家ではこんなこともありまして……」とちょっとグチを語れる雰囲気が

欠かせません。その上で、支援の手がかりを得るための学校と家庭における"事実の共有"が大切です。

> ○できていること（頑張っていること）
> ○できかかっていること
> ○課題となっていること

　単純なのですが、まずは、この事実確認、すなわち、情報交換と情報共有です。これがあるから、同じスタートラインに立てるのです。

　また、わざわざ学校まで来てもらうわけですから、是非、子どもの好きなキャラクターや家庭でブームになっていることも聞いてみたいものです。これらは、その子どもには「ないと困る支援」になる可能性があります。"約束ノート"等でキャラクターをうまく使いたいものです。しかし、その活用は、どの子どもにも「あると便利で・役に立つ支援」になることもあります。

b－説明責任・実行責任・結果責任

　言葉としては、ドキリとするような言い回しですが、学校はこの3つの責任を負います。何を目的に、何をしてきたのか、何ができたのか、何ができなかったかに責任を負うということです。"できた"ことはもちろんいいのですが、"できなかった"ことについても責任を負うということです。ここを明確にすることは、"学校だけでは及ばないことがある"ことを明確に示すことになります。

　この点については、医療の方法に学ぶ必要があります。医療は薬の処方、レントゲン、血液検査……等、手立て・方法が非常に明瞭です。「この病院では、普通のレントゲン検査はできるが、ＭＲＩ検査はできない」……等、できることやできないことがはっきりしているのです。

　教育や学校はこれほど明確にはできないものの、その子どもについて目標としてきたこと、尽くしてきた手立て、その結果を示しつつ、「学校ではここまでできたが、この先については保護者と専門家（巡回相談員等）の知恵

と力を借りたい！」とお伝えするのだと思います。

　学校で医学的な診断をするわけではありません。この先のその子どもへの応援計画案を保護者と専門家の知恵と力を借りながら作成したいのです。

ｃ－進路支援に関して

　保護者は目の前の不安はもとより、将来（進級・進学）の不安も抱いています。進路支援に関しては、以下が鉄則です。

> 小さな不満はあっても・大きな不安を残さない！

　特別支援教育コーディネーターとの連携はもちろんですが、必要があれば、教育センターや特別支援学校のコーディネーターの協力も仰いで、今後に向けての必要な情報を保護者に提供し、必要な準備をしていく必要があるでしょう。

　地域の関係機関に関する情報を提供していくことも保護者との連携の大きなポイントになります。

③チョイス（Choice）

ａ－具体性

　保護者が納得して、相談機関に行く際にも、場所や連絡先を資料として渡す等の具体的な支援が欠かせません。また、家庭と協力して、何かに取り組むこともあるでしょう。目標を共有化すること自体、とても意味があります。その際に、大切なことを確認します。それは、明日からできること・することが明確な手立てを選択する必要があります。これが鍵になります。「家に帰ったら～すればいいんだ！」と思える具体性です。

　少なくとも言えることは、家庭で保護者ができなかったことを責めてはいけません。それは選択した手立てが間違っていたのです。大切なことは以下に尽きます。

> 保護者の自尊感情が高まること

保護者の「やれそう！　やってみよう！」という子育てへの意欲が高まるからこそ、家庭も学校もうまく回り始めるのです。家庭でやることやその手立ては具体的であること —— これに尽きます。
b－日常性
　どれほど具体的で有効な手立てであったとしても、保護者の負担感が大きければ継続は不可能になります。取り組んだ様子を保護者が連絡帳や記録用紙に簡単に書けたり、子どものノートにシールを貼ったりするなど日常的に取り組めそうな手立てにする必要があります。

> 保護者が無理なく毎日（定期的に）続けることができる。

　仮に、続けることができないとすれば、ここでも、選択した手立てに無理があったと考えましょう。保護者が置かれている状況も踏まえて、見直しをしましょう。
c－有効性
　例えば、配慮を要する子どもに伝えたいことを文字にしたり、絵にしたりすることは、私たち教師にとってはすでに当たり前の手立てになりつつあります。しかし、保護者に"視覚的な手がかり"という発想はありません。簡単なイラストを用意する等、ちょこっとしたツールをはじめとして、家庭で無理なく実践できる有効な支援を確認します。
　保護者ができることがもちろん大切なのですが、最終的には、子どもが続けることができて、それなりにうまくいっているという感覚が大切です。

> 保護者ができる手応えを感じ取ることができる。

　「続けることで効果がありそうだ！」と思えるとき、子どもと家庭と学校のトライアングル効果が最も発揮されるでしょう。
④コーポレーション（Corporation）
　校内でも校長先生をはじめとして、たくさんの先生方が見守っていること、

そして、校外にも教育委員会やセンター、巡回相談の先生等、多くの応援団がいること、そして、それらを頼りながら、どの子どもたちも成長していること ── みんなで協力しながら子どもを支えたいという気持ちを丁寧に伝える必要があるでしょう。

合わせて、これはむしろ学校・教師側への戒めにしたい言葉です。

> 独りで抱えない・応援要請する勇気も大切である。

保護者は学校側が応援の姿勢を示すことでとても気持ちは楽になるでしょう。しかし、大切なことは担任が独りで抱えないことです。校内での役割分担と連携、すなわち、校内支援体制の構築が求められます。これは、特別支援教育コーディネーターが責任をもってすべきことになります。

保護者が相談機関に行くことを納得してくれたのであれば、その校外機関も含めて、学校だけで抱えない校外との支援体制も大切です。担任にも、学校にもできること・できないことがありますから、先の医療の例ではありませんが、いい意味で割り切りながら、そして、様々な関係者を頼りながら、息長く進めていく必要があるでしょう。

(3) "親は一生　教師は一時" ── 診断がある子どもの保護者 ──
①親は一生

もう7年も前のことでしょうか。朝、娘が鼻水を流しながら起きてきました。それを目にした妻が「親は一生だよね……」とポツリと語りました。

読者は、"親は一生　教師は一時"という言葉をご存じでしょうか。特殊教育時代からある言葉で、「先生の学級にどれほど手がかかる子どもがいたとしても1年の仕事ですよね、でも親は一生なんですよ」と半分は皮肉の言葉として語られました。しかし、筆者は、妻の口から"親は一生"という言葉を聞くことになるとは思ってもみませんでした。

娘は心理検査で"測定不能"と判断される障害の程度ですが、奇跡的に一般企業就労しています（『特別支援学校 特別支援学級 担任ガイドブック ──

知的障害教育100の実践ポイント──』東洋館出版社)。しかし、鼻水も上手にかめません。その日は会社を休みます。ですから、我が家では娘が風邪を引くと、パートとして働く妻か筆者のいずれかが年休をとります。身の回りのことを完全にできない娘だけを我が家に残して夫婦で家を空けることはできないのです。年休をとらざるを得ないのです。もう26歳になるにもかかわらず……です。"親は一生"とはその事実を見事に言い当てる言葉であることを改めて思い知らされました。

どれほどすばらしい教師でも親に代わることはできません。親は一生、その子どもと何らかのかかわりをもちながら生きることになります。仮に、読者がどれほど支援を要する子どもを担任していたとしても、わずか一年が区切りの仕事なのです。しかし、親は一生ですよ！　という厳しい言葉なのです。

②**教師の一時**

筆者の娘は養護学校（特別支援学校）を卒業して8年にもなりますが、未だに週に一度は卒業アルバムを見ています。「もう一度、学校に戻っていいよ」と言えば、喜んで戻るような気がします。それほど学校・先生が大好きです。

"母校"という言葉を聞かなくなって久しいです。筆者は未だに卒業アルバムを見る娘の姿を通してようやく"母校"という言葉の意味を知りました。母親のお腹がたとえどれほど居心地がよかったとしても、二度と戻ることはできません。あの学校で、あの先生とどれほどいい時間を過ごしてもあの学校に二度と戻れない……だから、"母校"というのだ……と。娘がどれほど望んでも、"学校"は二度と戻ることのできない場所であり、時間だったのです。

その意味で、教師の"一時"の責任は極めて重いのです……子どもが望んでも二度と戻れない"一時"を支える仕事ですから……。

しかし、卒業して8年になるにもかかわらず、「今からでも、あの先生のいる学校に戻りたい！」と願うような事実を創り出すことができるのも教師

の仕事であるとすれば、その仕事は他に替えがたく、大変やりがいある、何と尊い仕事なのだろうと思うのです。

③改めて、保護者の"覚悟"に向き合う姿勢

　知的障害のある娘の親の感覚で語るのですが、やはり、発達障害という大変分かりにくい障害を受け止めることのできる保護者はそれなりの覚悟と決意を胸に秘めていると思います。「自分がその子どもの親だったら……」——この想像力を欠くことはできません。

　くり返しになりますが、これからの時代はその覚悟と決意に責任をもって向き合い、"子どもの成長"という結果で示すことのできる学校にする必要があると考えています。その端緒が、まずは、学級担任が日常の学級経営や授業づくりの延長線上で取り組むことのできるユニバーサルデザインであると考えています。

　学校教育の充実・発展のために、ともに力を尽くしていきましょう！

おわりに

　通常学級の特別支援教育に関して、"ユニバーサルデザイン"という用語が市販性のある刊行物で初めて使用されたのは（筆者が把握する限りでは）、全日本特別支援教育研究連盟機関誌『特別支援教育研究No596～607（2007年度）』（当時は日本文化科学社、現在は東洋館出版社より発刊）での年間常設欄においてです。"通常学級の特別支援教育＝コーディネーター・校内支援体制"という強烈なイメージがあった当時、通常学級の学級経営と授業そのものを取り上げた企画には大きな反響がありました。現在、ユニバーサルデザインは通常学級関係の雑誌等でも取り上げられ、特別支援教育界の専門用語から、より公共性の高い学校教育用語の一つとしての市民権を得つつあります。

　そこで改めて、通常学級ユニバーサルデザインの今日的な意義を整理してみたいと思います。"確かな学力の向上や豊かな心の育成にも資する"点は本論や"はじめに"にでも触れたとおりですが、さらに、以下のような諸点も指摘したいと思います。

☆事前対応モデルとして

　通常学級ユニバーサルデザインは、配慮を要する子どもの「ないと困る支援」をあらかじめ把握します。その中からどの子どもにも「あると便利で・役に立つ支援」を検討する事前対応モデルです。この考え方は、学級生活や授業で"何か問題が起きた後に事後対応する"という通常の教育における旧来の特別支援教育観を転換しました。ですから、引き継ぎが大きな鍵を握ることは本論で強調したとおりです。

☆支援・環境要因対応モデルとして

　通常学級ユニバーサルデザインは"障害の改善・克服"を目指す教育ではありません。「障害による学習上又は生活上の困難を克服する教育」（学校教育法第81条）です。

例えば、自閉症の子どもの聴覚の過敏さを克服するのではありません。聴覚の過敏さによる「学習上又は生活上の困難を克服する」のです。ですから、"静かに話を聞くことができる学級・授業づくり"を目指すのです。学級・授業という支援・環境要因を整えること、すなわち、いい学級経営・授業を実現することで「困難を克服」します。その結果として、全ての子どもの「過ごしやすさと学びやすさ」を高めるのです。

☆共生社会モデルとして

"共生社会の形成に向けたインクルーシブ教育システム構築のための特別支援教育の推進（報告.2012）"には、「『共生社会』とは、これまで必ずしも十分に社会参加できるような環境になかった障害者等が、積極的に参加・貢献していくことができる社会である。それは、**誰もが相互に人格と個性を尊重し支え合い、人々の多様な在り方を相互に認め合える全員参加型の社会**である。このような社会を目指すことは、我が国において最も積極的に取り組むべき重要な課題である」（傍点太字筆者）とあります。共生社会の形成に向けて、新たな学校教育のありようが模索されています。

時代は、正に、通常学級に在籍する教育上特別の支援を必要とする子どもの教育に関して"単なる個別化や別室化、ましてや孤立化ではない一人ひとりの違いと多様性の尊重"を求めています。一方で、"単なる均質化や斉一化、ましてや画一化ではない全員参加という集団性の尊重"をも求めているのです。一見すると矛盾する理念と実践的方向性の昇華的な融和こそが時代の要請なのです。

通常学級ユニバーサルデザインは、それら両者の融和の上に成立するより成熟度と包括性の高い学校教育をイメージしています。すなわち、来るべき共生社会時代の学級経営・授業モデルと言えるのです。

通常学級ユニバーサルデザインのさらなる実践的追究とその展開が求められています。

【著者紹介】

佐藤 愼二（さとう・しんじ）

植草学園短期大学 福祉学科 児童障害福祉専攻 主任教授。

明治学院大学社会学部卒業、千葉大学教育学研究科修了。千葉県内の知的障害養護学校（現在の特別支援学校）及び小学校情緒障害通級指導教室での23年間の勤務を経て現職。全日本特別支援教育研究連盟常任理事、日本生活中心教育研究会理事、平成26年度千葉県専門家チーム会議委員、平成26年度千葉県総合支援協議会療育支援専門部会座長ほか。特別支援教育士スーパーバイザー。

主な著作：『実践　通常学級ユニバーサルデザインⅠ─学級づくりのポイントと問題行動への対応─』（東洋館出版社、2014）、『特別支援学校 特別支援学級 担任ガイドブック─知的障害教育100の実践ポイント─』（東洋館出版社、2013）、『通常学級の特別支援─今日からできる！40の提案─』（日本文化科学社、2008年）、『通常学級の特別支援セカンドステージ─6つの提言と実践のアイデア50─』（日本文化科学社、2010年）、『通常学級の授業ユニバーサルデザイン─「特別」ではない支援教育のために─』（共編著、日本文化科学社、2010年）、『特別支援教育の実践ガイド 第1巻 学級経営の実践ガイド─基礎から活用へ─』（共編著、明治図書出版、2010年）、『特別支援教育の実践ガイド 第3巻 校内支援体制のアイデア─しなやかな「チーム支援」の実際─』（共編著、明治図書出版、2010年）、『すぐ役に立つ特別支援学級ハンドブック』（編集、ケーアンドエイチ、2011年）、『自閉症支援のすべて』（責任編集、日本文化科学社、2011年）、『ママとパパと先生のための子育てハート・ホッとメッセージ50！』（日本文化科学社、2012年）ほか。

実践　通常学級ユニバーサルデザインⅡ
授業づくりのポイントと保護者との連携

2015（平成27）年3月1日　初版第1刷発行

著　者：佐藤　愼二
発 行 者：錦織圭之介
発 行 所：株式会社　東洋館出版社
　　　　　〒113-0021　東京都文京区本駒込5丁目16番7号
　　　　　営業部　電話 03-3823-9206　FAX 03-3823-9208
　　　　　編集部　電話 03-3823-9207　FAX 03-3823-9209
　　　　　振替 00180-7-96823
　　　　　URL　http://www.toyokan.co.jp

装幀・本文デザイン：株式会社明昌堂
印刷・製本：藤原印刷株式会社

ISBN978-4-491-03085-2　　　　　　　　　　　　　　　Printed in Japan